对外汉语本科系列教材

语言技能类（一年级）

汉 语 教 程

第一册 （上）

主 编　　杨寄洲

副主编　　邱　军

编 者　　杨寄洲　　邱　军　　朱庆明

翻 译　　杜　彪

插 图　　丁永寿

北京语言大学出版社

（京）新登字 157 号

图书在版编目（CIP）数据

汉语教程　第一册（上）/杨寄洲主编；邱军等编．
－北京：北京语言大学出版社，2006 重印
ISBN 7－5619－0745－1

Ⅰ．汉…
Ⅱ．①杨…　②邱…
Ⅲ．对外汉语教学－教材
Ⅳ．H195.4

中国版本图书馆 CIP 数据核字（1999）第 21736 号

书　　　名：汉语教程　第一册（上）
责任印制：乔学军

出版发行：**北京语言大学出版社**
社　　　址：北京市海淀区学院路 15 号　邮政编码 100083
网　　　址：http://www.blcup.com
电　　　话：发行部　82303648 /3591 /3651
　　　　　　编辑部　82303647
　　　　　　读者服务部　82303653 /3908
印　　　刷：北京外文印刷厂
经　　　销：全国新华书店

版　　　次：1999 年 8 月第 1 版　2006 年 11 月第 17 次印刷
开　　　本：787 毫米×1092 毫米　1 /16　印张：9.5　插表 1
字　　　数：145 千字　印数：162001—172000 册
书　　　号：ISBN 7－5619－0745－1 / H·9950
定　　　价：19.00 元

凡有印装质量问题本社负责调换，电话：82303590

序

李 杨

　　教材是教育思想和教学原则、要求、方法的物化，是教师将知识传授给学生，培养学生能力的重要中介物。它不仅是学生学习的依据，也体现了对教师进行教学工作的基本规范。一部优秀的教材往往凝结着几代人的教学经验及理论探索。认真编写教材，不断创新，一直是我们北京语言文化大学的一项重点工作。对外汉语本科教育，从1975年在北京语言学院（北京语言文化大学的前身）试办现代汉语专业（今汉语言专业）算起，走过了二十多年行程。如今教学规模扩大，课程设置、学科建设都有了明显发展。在总体设计下，编一套包括四个年级几十门课程的系列教材的条件业已成熟。进入90年代，我们开始了这套教材的基本建设。

　　北京语言文化大学留学生本科教育，分为汉语言专业（包括该专业的经贸方向）和中国语言文化专业。教学总目标是培养留学生熟练运用汉语的能力，具备扎实的汉语基础知识、一定的专业理论与基本的中国人文知识，造就熟悉中国国情文化背景的应用型汉语人才。为了实现这个目标，学生从汉语零起点开始到大学毕业，要经过四年八个学期近3000学时的学习，要修几十门课程。这些课程大体上分为语言课，即汉语言技能（语言能力、语言交际能力）课、汉语言知识课，以及其他中国人文知识课（另外适当开设体育课、计算机课、第二外语课）。为留学生开设的汉语课属于第二语言教学性质，它在整个课程体系中处于核心地位。教学经验证明，专项技能训练容易使某个方面的能力迅速得到强化；而由于语言运用的多样性、综合性的要求，必须进行综合性的训练才能培养具有实际意义的语言能力。因此在语言技能课中，我们走的是综合课与专项技能课相结合的路子。作为必修课的综合课从一年级开到四年级。专项技能课每学年均分别开设，并注意衔接和加深。同时，根据汉语基本要素及应用规律，系统开设汉语言本体理论知识课程。根据中国其他人文学科如政治、经济、历史、文化、文学、哲学等基础知识，从基本要求出发，逐步开设文化理论知识课程。专业及专业方向从三年级开始划分。其课程体系大致是：

一年级

> 汉 语 综 合 课:初级汉语
>
> 汉语专项技能课:听力课、读写课、口语课、视听课、写作课

二年级

> 汉 语 综 合 课:中级汉语
>
> 汉语专项技能课:听力、口语、阅读、写作、翻译、报刊语言基础、新闻听力
>
> 汉 语 知 识 课:现代汉语语音、汉字
>
> 文 化 知 识 课:中国地理、中国近现代史

三年级

> 汉 语 综 合 课:高级汉语(汉语言专业)
>
> 中国社会概览(中国语言文化专业)
>
> 汉语专项技能课:高级口语、写作、翻译、报刊阅读、古代汉语;经贸口语、经贸写作(经贸方向)
>
> 汉 语 知 识 课:现代汉语词汇
>
> 文 化 知 识 课:中国文化史、中国哲学史、中国古代史、中国现代文学史;中国国情、中国民俗、中国艺术史(中国语言文化专业);当代中国经济(经贸方向)

四年级

> 汉 语 综 合 课:高级汉语(汉语言专业)
>
> 中国社会概览(中国语言文化专业)
>
> 汉语专项技能课:当代中国话题、汉语古籍选读、翻译;
>
> 高级商贸口语(经贸方向)
>
> 汉 语 知 识 课:现代汉语语法、修辞
>
> 文 化 知 识 课:中国古代文学史;中国对外经济贸易、中国涉外经济法规(经贸方向);儒道佛研究、中国戏曲、中国古代小说史、中外文化交流(中国语言文化专业)

这套总数为50余部的系列教材完全是为上述课程设置而配备的,除两部高级汉语教材是由原教材修订并入本系列外,绝大部分都是新编写的。

这是一套跨世纪的新教材,它的真正价值属于21世纪。其特点是:

1. 系统性强。对外汉语本科专业、年级、课程、教材之间是一个具有严密科学性的系统,如图(见下页):

整套教材是在系统教学设计的指导下完成的,每部教材都有其准确的定性与定位。除了学院和系总体设计之外,为子系统目标的实现,一年级的汉语教科书(10部)和二、三、四年级的中国文化教科书(18部)均设有专门的专家编委

会,负责制定本系列教材的编写原则、方法,并为每一部教材的质量负责。

2. 有新意。一部教材是否有新意、有突破,关键在于它对本学科理论和本课程教学有无深入的甚至是独到的见解。这次编写的整套教材,对几个大的子系列和每一部教材都进行了反复论证。从教学实际出发,对原有教材的优点和缺点从理论上进行总结分析,根据国内外语言学、语言教学和语言习得理论以及中国文化诸学科研究的新成果,提出新思路,制定新框架。这样就使每一个子系列内部的所有编写者在知识与能力、语言与文化、实用性与学术性等主要问题上取得共识。重新编写的几十部教材,均有所进步,其中不少已成为具有换代意义的新教材。

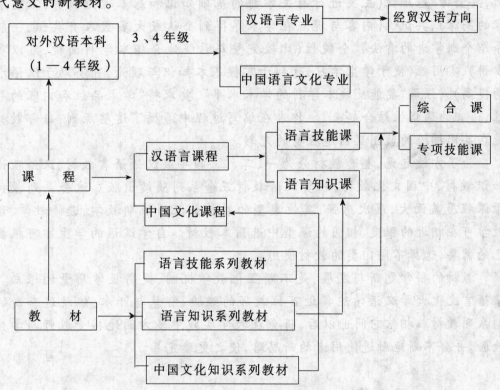

3. 有明确的量化标准。在这套教材编写前和进行过程中,初、中、高对外汉语教学的语音、词汇、语法、功能、测试大纲及语言技能等级标准陆续编成,如《中高级对外汉语教学等级大纲》(1995 年,孙瑞珍等)、《初级对外汉语教学等级大纲》(1997 年,杨寄洲等)。一年级全部教材都是在这些大纲的监控下编写的,二、三、四年级汉语教材也都自觉接受大纲的约束,在编写过程中不断以大纲检查所使用的语料是否符合标准,是否在合理的浮动范围内。中国文化教材中的词汇也参照大纲进行控制,语言难度基本上和本年级汉语教材相当,使学生能够在略查辞典的情况下自学。这样就使这套教材在科学性上前进了一步。

4. 生动性与学术性相结合。本科留学生是成年人,至少具有高中毕业的文化水平,他们所不懂的仅仅是作为外语的汉语而已。因此教材必须适合成年人的需要并具有相当的文化品位。我们在编写各种汉语教材时,尽可能采用那些能反映当代中国社会和中国人的生活、心态的语料和文章,使学生能够及时了解中国社会生活及其发展变化,学到鲜活的语言。一些入选的经典作品也在编排练习时注意着重学习那些至今依然富有生命力的语言,使教材生动、有趣味、有相对的稳定性。教材的学术性一方面表现为教材内容的准确和编排设计的科学,更重要的是,课程本身应当能够及时反映出本学科的新水平和新进展。这些都成为整套教材编写的基本要求之一。文化类教材,编写之初编委会就提出,要坚持"基础性(主要进行有关学科的基础知识和基本理论教育,不追求内容的高深)、共识性(内容与观点在学术界得到公认或大多数人有共识,一般不介绍个别学者的看法)、全貌性(比较完整与系统地介绍本学科面貌,可以多编少讲)、实用性(便于学生学习,有利于掌握基本知识与理论,并有助于汉语水平的提高)",强调"要能反映本学科的学术水平",要求将"学术品位和内容的基础性、语言的通俗性结合起来"。作者在编写过程中遵循了这些原则,每部教材都能在共同描绘的蓝图里创造独特的光彩。

为了方便起见,整套教材分为一、二、三、四年级汉语语言教材、汉语理论与知识教材、中国文化教材、经贸汉语教材五个系列陆续出版。这套系列教材由于课程覆盖面大,层次感强,其他类型的教学如汉语短期教学、进修教学、预备教学可在相近的程度、相同的课型中选用本教材。自学汉语的学生亦可根据自己的需要,选择不同门类的教材使用。

教材的科学更新与发展,是不断强化教学机制、提高教学质量的根本。北京语言文化大学汉语学院集近百位教师的经验、智慧与汗水,编就这套新的大型系列教材。相信它问世以后,将会在教学实践中多方面地接受教师与学生的检验,并会不断地融进使用者的新思路,使之更臻完善。

一年级系列教材说明

本套教程是对外汉语系列教材(语言技能类)的一年级部分。是为初学汉语的外国学生编写的。

全套教材包括：

1. 汉语教程(共 3 册)
2. 汉语阅读教程(共 3 册)
3. 汉语听力教程(共 3 册)
4. 汉语口语教程(1 册)

《汉语教程》共分三册,第一册(30 课)每课要求 2 课时(每课时为 50 分钟),第二册(30 课)每课要求 3～4 课时。第三册(共 40 课)每课要求 4～6 课时。

《汉语听力教程》、《汉语阅读教程》每课要求 1 个学时。

《汉语口语教程》每课要求 2 学时。

本套教材的编写原则是:语言实用,内容生动,练习丰富,语法简明。

这套教材的语言材料都是外国人来华学习生活或工作所需要的。教材的情景也都是以外国学生在中国的实际生活而设置的。无论是会话的编写或者是短文的选择,都力求生动活泼,富有情趣。教材中语法项目的出现由易到难,由简到繁,步步加深,循序渐进。语法解释简单明白,易于理解。每种教材都编制了丰富多样的练习,有必做的,也有选做的,有课堂练习,也有课外练习。通过这些练习,学生可以巩固课堂所学,加深记忆,掌握语言知识,提高言语技能。

一、《汉语教程》

《汉语教程》是综合课教材。综合课是整个基础汉语教学的骨干课,它要求通过课堂教学,全面掌握汉语语音、语法和词汇方面的知识,提高学生听说读写的言语技能,培养学生的汉语交际能力。

该课程从教学内容的角度可分为三个阶段:语音阶段、语法阶段和词汇阶段。语音阶段要求老师通过示范、领读、练习等教学手段,让学生掌握汉语的声母、韵母、音节、声调以及轻声、变调等主要的发音技能。同时学会认读和书写一定数量的常用汉字,为能顺利进入第二阶段的语法学习打下较好的语音基础。语法阶段的教学任务是:通过会话课文来学习汉语的基本语法,学生在理解语法的基础上,掌握句子或语段,具备初步会话能力。第三阶段的教学任务是通过生动有趣的短文教学,巩固学生所学的基本语法,扩大词汇量,训练成段表达能力。通过大量的课堂练习,进一步提高语言表达能力和社会交际能力。

综合课的课堂教学要求遵循对外汉语教学的客观规律,注意把语言知识教学与言语技能训练结合起来,把语言知识、言语技能和交际能力的培养结合起来。语言知识的教学过程就是言语技能的训练过程,同时也是交际能力训练过程。因此,课堂教学要把教材的语法、词语和句子置于实际情景中去讲练,这样,才能更好地培养学生的言语技能和言语交际技能。

二、《汉语听力教程》、《汉语阅读教程》、《汉语口语教程》

《汉语听力教程》、《汉语阅读教程》和《汉语口语教程》是初级汉语教材的重要组成部分,与《汉语教程》配套使用。它们的教学任务是:

(一)复练《汉语教程》学过的语音、汉字、词语和语法。

(二)单独进行所承担的听力、阅读和口语等语言技能训练。

需要说明的是,《汉语教程》第一册、第二册课文都是口语对话,无需另编口语课本,《汉语口语教程》是与《汉语教程》第三册配套使用的。

初级阶段的听力课、口语课和阅读课属于单项技能训练课程,是围绕着综合课而设置的。它们的教学内容和练习形式要受到综合课的制约。在正规的语言教学单位,设置单项技能训练课程是完全必要的。

听说读写既是汉语教学的重要目的,又是重要的教学手段。也就是说,学生的听力技能必须通过"听"这一教学手段来获得,阅读能力只有通过"读"来培养,说话的能力必须通过"说"来训练,写作能力也只能靠"写"来提高。听说读写这四项言语技能既相对独立又相互关联,既互相制约又互相促进。初级阶段的主要任务是听说技能的训练,但也不可忽视读写能力的培养。听说读写要全面要求,共同提高。在进行各个单项技能训练时要注意与其他技能的有机结合。例如,听力课主要练习听,同时也要适当与说相结合;阅读课以读为主,同时也要结合说或写。这样做不仅不违背课程教学原则,还会更加有利于课堂教学效率的提高。

初级汉语教材的编写是一项艰巨的系统工程。在教材编写过程中,我们吸收和借鉴了国内一些教材的长处,这是要特别加以说明的。

对这套教材,我们追求的目标是好教、好学、好用。但能不能实现这一目标要靠教学实践来检验。希望使用这套教材的老师和同学们多提意见,以便再版时加以修订。

杨寄洲
1999 年 7 月

前　言

本教程是为初学汉语的外国人新编的一套初级教材,供一学年使用。

全书共三册,第一、二册第一学期用,第三册第二学期用。

1～10课为语音教学阶段。集中进行汉语基础语音讲练。

11～60课通过实用的会话,进行语法结构、意义和语用功能的教学。

61～100课为语段教学阶段,通过语法教学的深化和词语运用的讲练,进一步培养学生成段表达的能力。

课时要求:1～60课每课建议课时为2～3学时(每学时为50分钟)。61～100课每课建议课时为5～6学时。各教学单位可根据自己的实际情况灵活掌握。

编写这套教材的指导思想是,以语音、语法、词语、汉字等语言要素的教学为基础,通过课堂教学,操练学生听说读写的言语技能,培养他们用汉语进行社会交际的能力。

本教材的体例是:一、课文;二、生词;三、注释;四、语法;五、语音;六、练习。

一、课文

课文是教材的重要部分。本书的1～60课的课文是实用会话。由于初级阶段汉语教学受语法和词汇的严格限制,会话可以借助语境的"代言"作用,减少不必要的背景交待。这些会话通过特定的情景,把语法的结构、意义和交际功能有机地融合在一起。会话的编写考虑到了教学对象的特点,力避幼稚化,追求实用。61～100课的课文是短文。内容多是表现当代中国社会生活的记叙文。这些课文的编选注意了语言文字的规范、优美、流畅,有故事性,有情节,便于学生理解、记忆和复述。无论是会话还是短文,我们主张学习者不仅要能熟读,而且要能背诵。

二、生词

本书共有生词3300个。这些生词充分考虑到了词汇大纲对词汇等级的规定。每课的生词都有一定的量的控制,第一阶段(1～30课)每课在20个左右;第二阶段(31～60课)每课为30个左右;第三阶段(61～100课)每课生词在40～50个。

三、注释

注释是对一些语言点和文化背景知识的说明。

四、语法

本书语法不追求系统性。讲解力求简单明白,努力做到从结构入手,重视语义和语用功能的说明。我们建议,在进行课堂教学时,一定要通过图片、动作、影像等各种直观形象的手段演示语法,把言语与交际情景紧密结合起来。使学生沉浸在实际交际的语境中,而不是语法术语和概念中。

五、语音

本书用 10 课的篇幅集中进行语音教学。语音语调的训练贯穿全书。在对外汉语教学的全过程,语音训练的重要性怎么强调都不过分。

六、练习

本教材的练习设计注意遵循理解、模仿、记忆、熟巧、应用这样一个言语习得过程。练习项目包含了理解性练习、模仿性练习、交际性练习等。由于课时的限制,有些练习项目是必做的,例如,语音、朗读、替换、填空、完成会话、完成句子、改错句等。有些练习项目可以由学生选做,例如,阅读、怎么说、写汉字、情景表达等。

赵金铭教授审阅了全部书稿,程美珍教授审阅了一、二册,出版社的编辑对本教程的编写给予了大力帮助,在此,谨表示诚挚的感谢。

本教程在编写过程中,研究和学习了国内出版的同类教材,这是要特别加以说明的。

教材的疏漏之处肯定难免,欢迎使用本教材的老师和同学们多提意见。

杨寄洲

1999 年 7 月

一、汉语词类简称表　Abbreviations

1. 名词	（名）	míngcí	noun
2. 代词	（代）	dàicí	pronoun
3. 动词	（动）	dòngcí	verb
离合词		líhécí	clutch verb
4. 能愿动词	（能愿）	néngyuàn dòngcí	optative verb
5. 形容词	（形）	xíngróngcí	adjective
6. 数词	（数）	shùcí	numeral
7. 量词	（量）	liàngcí	quantifier
8. 副词	（副）	fùcí	adverb
9. 介词	（介）	jiècí	preposition
10. 连词	（连）	liáncí	conjunction
11. 助词	（助）	zhùcí	particle
动态助词		dòngtài zhùcí	aspect particle
结构助词		jiégòu zhùcí	structural particle
语气助词		yǔqì zhùcí	modal particle
12. 叹词	（叹）	tàncí	interjection
13. 象声词	（象声）	xiàngshēngcí	onomatopoeia
14. 词头	（头）	cítóu	prefix
15. 词尾	（尾）	cíwěi	suffix

二、发音器官图

发音器官　Speech Organs

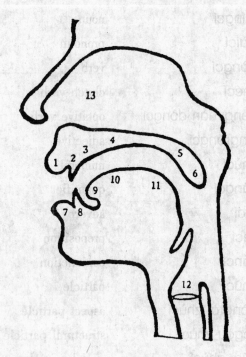

1.	上唇	shàngchún	Upper Lip
2.	上齿	shàngchǐ	Upper Teeth
3.	牙床	yáchuáng	Teethridge
4.	硬颚	yìng'è	Hard Palate
5.	软颚	ruǎn'è	Soft Palate
6.	小舌	xiǎoshé	Uvula
7.	下唇	xiàchún	Lower Lip
8.	下齿	xiàchǐ	Lower Teeth
9.	舌尖	shéjiān	Tip of the Tongue
10.	舌面	shémiàn	Blade of the Tongue
11.	舌根	shégēn	Back of the Tongue
12.	声带	shēngdài	Vocal Cords
13.	鼻腔	bíqiāng	Nasal Cavity

三、课堂用语 Classroom Chinese

教师课堂用语

1. 同学们好！现在上课。
   Tóngxuémen hǎo! Xiànzài shàng kè.
   Hello, everyone! Now the class begins.

2. 请看黑板！
   Qǐng kàn hēibǎn!
   Please look at the blackboard.

3. 请听我发音！
   Qǐng tīng wǒ fā yīn!
   Please listen to my pronunciation!

4. 听我说。
   Tīng wǒ shuō.
   Please listen to me.

5. 跟我说。
   Gēn wǒ shuō.
   Say after me.

6. 跟我读。
   Gēn wǒ dú.
   Read after me.

7. 跟我写。
   Gēn wǒ xiě.
   Write after me.

8. 再听一遍。
   Zài tīng yí biàn.
   Listen to it again.

9. 再读一遍。
   Zài dú yí biàn.
   Read it again.

10. 再说一遍。

Zài shuō yí biàn.

Say it again.

11. 再写一遍。

Zài xiě yí biàn.

Write it again.

12. 现在听写。

Xiànzài tīngxiě.

Now the dictation.

13. 请打开书,翻到第＿＿页。

Qǐng dǎ kāi shū, fān dào dì ＿＿ yè.

Please open your books, and turn to page ＿＿.

14. 读课文,要大声朗读。

Dú kèwén, yào dàshēng lǎngdú.

Read the text, and read it aloud.

15. 有问题请问我。

Yǒu wèntí qǐng wèn wǒ.

If you have questions, please ask.

16. 现在布置作业。

Xiànzài bùzhì zuòyè.

Now the assignment (for today).

17. 预习新课的生词,要会读会写。

Yùxí xīn kè de shēngcí, yào huì dú huì xiě.

Preview the new words of the new lesson, and you should be able to pro-
nounce and write them.

18. 请看一下语法/注释。

Qǐng kàn yíxià yǔfǎ/zhùshì.

Please look at the grammar/notes.

19. 请把作业交给我。

Qǐng bǎ zuòyè jiāo gěi wǒ.

Please hand in your homework (to me).

20. 下课。

Xià kè.

Class is over.

学生课堂用语

1. 老师好！

Lǎoshī hǎo!

Hello, teacher.

2. 请您慢一点儿。

Qǐng nín màn yìdiǎnr.

Please speak a little slowly.

3. 请您再说一遍。

Qǐng nín zài shuō yí biàn.

Please say it again.

4. 请您再念一遍。

Qǐng nín zài niàn yí biàn.

Please read it one more time.

5. 这个字/词怎么读？

Zhè ge zì/cí zěnme dú?

How do you pronounce this character/word?

6. 这个词是什么意思？

Zhè ge cí shì shénme yìsi?

What does this word mean?

7. 英语的"……"汉语怎么说？

Yīngyǔ de"……"Hànyǔ zěnme shuō?

What's the Chinese for _____?

8. 今天的作业是什么？

Jīntiān de zuòyè shì shénme?

What's the homework for today?

9. 老师，我病了，不能上课。

Lǎoshī, wǒ bìng le, bù néng shàng kè.

I'm sorry, teacher. I am ill. I cannot come to the class.

I'm sorry, teacher. I was ill. I couldn't come to the class.

10. 对不起，我迟到了。

Duì bu qǐ, wǒ chídào le.

Sorry, I'm late.

11. 谢谢老师！

Xièxie lǎoshī!

Thank you, teacher!

12. 再见！

Zàijiàn!

Goodbye!

目　　录

1

四、注释　（一）发音要领
　　　　　　（二）书写规则
　　　　　　（三）"不"的变调

五、练习

一、课文　你去哪儿
二、生词
三、语音　（一）声母　z　c　s
　　　　　　（二）韵母　-i[ɿ]　er　ua　uo　uai　uei(ui)　uan　uen(un)
　　　　　　　　uang　ueng
　　　　　　（三）拼音
四、注释　（一）发音要领
　　　　　　（二）韵母-i[ɿ]
　　　　　　（三）"er"和儿化韵
　　　　　　（四）隔音符号

五、练习

一、课文　这是什么书
二、生词
三、语音（一）声母　zh　ch　sh　r
　　　　　（二）韵母　-i[ʅ]
　　　　　（三）拼音
四、注释　（一）发音要领
　　　　　　（二）韵母-i[ʅ]

五、练习

一、课文　这是王老师
二、生词
三、练习

一、课文　我学习汉语
二、生词
三、注释　（一）中国人的姓名
　　　　　　（二）贵姓
四、语音　词重音(1)

第一课 你好
Lesson 1

一、课文 Kèwén Text

A: 你　好！
　　Nǐ　hǎo!

B: 你　好！
　　Nǐ　hǎo!

二、生词 Shēngcí New Words

1.	一	（数）	yī	one
2.	五	（数）	wǔ	five
3.	八	（数）	bā	eight
4.	大	（形）	dà	big
5.	不	（副）	bù	not
6.	口	（名、量）	kǒu	mouth
7.	白	（形）	bái	white
8.	女	（名）	nǚ	female, woman
9.	马	（名）	mǎ	horse

10.	你	（代）	nǐ	you(singular)
11.	好	（形）	hǎo	good

三、语音 Yǔyīn Phonetics

（一）声母 Initials

b p m f d t n l g k h

（二）韵母 Finals

a o e i u ü ai ei ao ou

（三）拼音 Initial-final combinations

声母\韵母	a	o	e	i	u	ü	ai	ei	ao	ou
b	ba	bo		bi	bu		bai	bei	bao	
p	pa	po		pi	pu		pai	pei	pao	pou
m	ma	mo	me	mi	mu		mai	mei	mao	mou
f	fa	fo			fu			fei		fou
d	da		de	di	du		dai	dei	dao	dou
t	ta		te	ti	tu		tai		tao	tou
n	na		ne	ni	nu	nü	nai	nei	nao	nou
l	la		le	li	lu	lü	lai	lei	lao	lou
g	ga		ge		gu		gai	gei	gao	gou
k	ka		ke		ku		kai	kei	kao	kou
h	ha		he		hu		hai	hei	hao	hou
				yi	wu	yu				

（四）声调 Tones

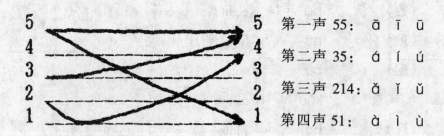

第一声 55：ā ī ū

第二声 35：á í ú

第三声 214：ǎ ǐ ǔ

第四声 51：à ì ù

四、注释　Zhùshì　Notes

(一)汉语音节的组成　Formation of Chinese syllables

汉语的音节大多数由声母、韵母和声调组成。例如:bà、mā、hǎo 都是音节。音节开头的辅音叫声母。例如:b、m、h。其余的部分是韵母,例如:à、ā、ǎo。现代汉语普通话有 400 多个音节。

Most Chinese syllables are formed by a combination of the initials, finals and tones. For example, bà, mā, hǎo. The consonant at the head of a syllable(b, m, h in the above examples)is called the initial. The rest of the syllable is the final(à, ā, ǎo). The contemporary Chinese *putonghua* has over 400 syllables.

(二)发音要领　Descriptions of articulation

单韵母:a o e i u ü　Simple finals

a　开口度最大,舌位最低,唇不圆。

The mouth is wide open, the tongue is at its lowest, and the lips are unrounded.

o　开口度中等,舌位半高、偏后、圆唇。

The opening of the mouth is medium, the tongue position is midhigh and

3

slightly to the back, and the lips are rounded.

e 开口度中等,舌位半高、偏后、唇不圆。

The opening of the mouth is medium, the tongue position is mid-high and slightly to the back, and the lips are unrounded.

i 开口度最小,唇扁平,舌位高、偏前。

The opening of the mouth is narrow, the lips are spread, and the tongue position is high and slightly to the front.

u 开口度最小,唇最圆,舌位高、偏后。

The opening of the mouth is narrow, the lips are fully rounded, and the tongue position is high and slightly to the back.

ü 舌位与[i]相同,但要圆唇,口形与发[u]相近。

The tongue position is identical to that of [i], and the lips are rounded to a degree similar to [u].

复合韵母 ai 中的 a 读作[a],舌位比[Aa]偏前,其它与[Aa]相同。

a in the compound final ai is pronounced as [a]. The tongue position is a little more forward than that of [Aa]. The other traits of the sound are the same as [Aa].

ei 中的 e 读作[e]。e in ei is pronounced as [e].

ao 中的 a 读作[α]。a in ao is pronounced as [α].

声母 Initials

b [p]

双唇阻,不送气,清塞音。双唇紧闭,口腔充满气息,猛开双唇,使气流爆发而出,通称"不送气"。声带不振动。

This is an unaspirated voiceless bilabial plosive. Lung air is compressed by the closure of the lips. Then the air escapes with a sudden release of the lip closure, with no vibrations of the vocal cords.

p [p']

双唇阻,送气,清塞音。发音部位和 b 一样,气流用力喷出,通称"送气"。声带不振动。

Aspirated voiceless bilabial plosive. The position of articulation is the same as that of b. The air is released forcibly with a puff, with no vibrations of the vocal cords.

m [m]

双唇阻,不送气,鼻音,双唇紧闭,软腭、小舌下垂,气流从鼻腔出来。声带振动。

Unaspirated bilabial nasal. The lips form a closure, and the soft palate and the uvula are lowered. The air stream passes through the nasal cavity, with vibrations of the vocal cords.

5

f [f]

唇齿音，清擦音。上齿接触下唇，气流从中间摩擦而出。声带不振动。

Voiceless labio-dental fricative. The upper teeth make a light contact with the lower lip and the air is released in between with a friction, with no vibrations of the vocal cords.

d [t]

舌尖阻，不送气，清塞音。舌尖顶上齿龈，口腔充满气息，猛把舌尖移下，使气流爆发而出。声带不振动。

Unaspirated voiceless alveolar plosive. The primary obstacle is formed by a closure made between the tip of the tongue and the upper alveolar ridge. Lung air is compressed behind this closure, and then escapes with force upon release of the alveolar closure, with no vibrations of the vocal cords.

t [t']

舌尖阻，送气，清塞音。发音部位和 d 一样，气流从口腔爆发而出时要送气。声带不振动。

Aspirated voiceless alveolar plosive. Its position and manner of articulation are the same as those of d, but it is aspirated, with no vibrations of the vocal cords.

n [n]

舌尖阻，鼻音。舌尖顶上齿龈、软腭，小舌下垂，鼻腔打开，声带振动。

Alveolar nasal. The tongue-tip is pressed against the upper alveolar ridge, the soft palate and uvula are lowered, and the air is let out through the nasal cavity with vibrations of the vocal cords.

l [l]

舌尖阻，边音。舌尖顶上齿龈，比 n 稍后，气流从舌前部两边出来。声带振动。

Alveolar lateral. The tongue-tip makes a light contact with the upper alveolar ridge, but slightly more to the back than the position for n. The air stream is released from the sides of the tongue. The vocal cords vibrate.

g [k]

舌根音，不送气，清塞音。舌根顶住软腭，猛使舌根离开软腭，使气流爆发而出。声带不振动。

Unaspirated voiceless velar plosive. The back of the tongue is raised to form a closure with the soft palate. Lung air escapes with force upon sudden release of the closure, with no vibrations of the vocal cords.

k [k']
舌根阻,送气,清塞音。发音部位和 g 一样,气流从口腔中爆发而出时要送气。声带不振动。

Aspirated voiceless velar plosive. Its position and manner of articulation are the same as that of g except that it is aspirated, with no vibrations of the vocal cords.

h [x]
舌根阻,清擦音。舌根接近软腭,气流从中间摩擦而出。声带不振动。

Voiceless velar fricative. The back of the tongue is raised towards the soft palate. The air stream is expelled from the lungs, causing some frictions in the vocal tract, with no vibrations of the vocal cords.

(三) 书写规则 Rules of writing the transcription
i、u、ü 都可自成音节。自成音节时分别写成 yi、wu、yu。

i, u, and ü may form independent syllables. In writing they are respectively yi, wu and yu.

(四) 声调 Tones
汉语普通话有四个基本声调,分别用声调符号:ˉ(第一声);ˊ(第二声);ˇ(第三声);ˋ(第四声)。声调不同,表达的意义不同。例如:

The Chinese *putonghua* has four basic tones. They are shown by the tone-indicators: ˉ(the 1st tone), ˊ(the 2nd tone), ˇ(the 3rd tone), and ˋ(the 4th tone). Different tones may express different meanings, e.g.

bā	bá	bǎ	bà
eight	pull	hold	dad

mā	má	mǎ	mà
mum	numb	horse	scold

yī	yí	yǐ	yì
one	move	chair	a hundred million

bā	bá	bǎ	bà
八	拔	靶	爸

声调符号要标在主要元音上。元音 i 上有调号时,要去掉 i 的点。如:nǐ、bǐ。一个音节的韵母有两个或两个以上的元音时,声调符号要标在开口度最大的元音上,如:hǎo、mèi、lóu。

Tone-indicators should be placed on the main vowels. When the vowel i carries a tone-indicator, the dot in i is removed, e.g. nǐ, bǐ. If there are two or more than two vowels in a syllable, the tone-indicator is placed on the one which requires a bigger (or the biggest) opening of the mouth, e.g. hǎo, mèi, lóu.

(五)变调　Modulations of tones

两个第三声音节连读时,前一个要读成第二声。例如:

When a 3rd tone is immediately followed by another 3rd tone, the former is pronounced as the 2nd tone. For example:

nǐ hǎo→ní hǎo

(六)音节和汉字　Syllables and Chinese characters

汉字是汉语的书写符号。每个音节可以写成一个或若干个汉字。例如:

The characters are the written symbols of the Chinese language. Every syllable can be written into one or several characters.

Examples:

bā	bá	bǎ	bà
八	拔	把	爸

mā	má	mǎ	mà
妈	麻	马	骂

yī	yí	yǐ	yì
一	移	椅	亿

五、练习　Liànxí　Exercises

(一)声调　Tones

yī　　yí　　yǐ　　yì – – – – – – – – yī　　一

wū　　wú　　wǔ　　wù – – – – – – – – wǔ　　五

8

yū	yú	yǔ	yù – – – – – – – –	yú	八
bā	bá	bǎ	bà – – – – – – – –	bā	大
dā	dá	dǎ	dà – – – – – – – –	dà	不
bū	bú	bǔ	bù – – – – – – – –	bù	女
nū	nú	nǔ	nù – – – – – – – –	nǔ	口
kōu	kóu	kǒu	kòu – – – – – – – –	kǒu	白
bāi	bái	bǎi	bài – – – – – – – –	bái	马
hēi	héi	hěi	hèi – – – – – – – –	hēi	你
mā	má	mǎ	mà – – – – – – –	mǎ	
nī	ní	nǐ	nì – – – – – – –	nǐ	

(二)变调 Modulations of tones

nǐ hǎo měihǎo wǔ bǎi běihǎi gěi yǐ yǔfǎ kěyǐ fǔdǎo

(三)辨音 Pronunciation

1. 辨别声母 Identify the initials

ba	pa	da	ta	ga	ka
bu	pu	du	tu	gu	ku
bai	pai	dai	tai	gai	kai
bao	pao	dou	tou	gao	kao

2. 辨别韵母 Identify the finals

ba	bo	he	fo
pa	po	ne	mo
ma	mo	de	bo
fa	fo	ke	po

bai	bei	pao	pou
mai	mei	hao	hou
gai	gei	kao	kou
hai	hei	gao	gou

9

3. 辨音辨调　Pronunciation and tones

bā	pà	dà	tā	hé	fó	gē	kè
bǐ	pí	dé	tè	hòu	fǒu	gū	kù
bù	pù	dì	tì	hēi	fēi	gǎi	kǎi
bái	pái	dú	tú	hù	fù	gěi	děi
běi	péi	dài	tài	hā	fā	gǒu	kǒu

(四)认读　Read and learn

dàitóu	táitóu		dàlóu	tǎlóu
kèfú	kèkǔ		dàyú	dàyǔ
yùxí	fùxí		měihǎo	méi lái

一　五　八　不　口　白　马　大　女　好　你

(五)交际会话　Communication

打招呼　Greetings

A：Nǐ hǎo！

B：Nǐ hǎo！

(六)写汉字　Learn to write

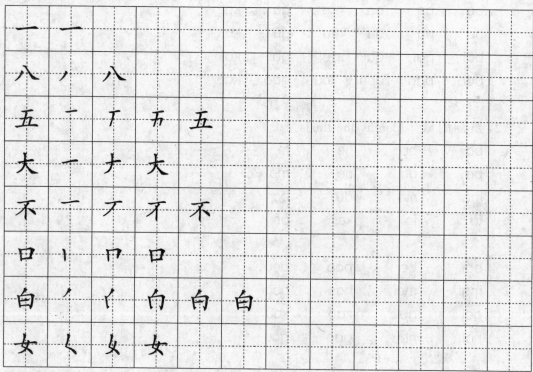

10

你	丿	亻	你	你	你	你	你				
好	女	奷	好	好							
马	¬	马	马								

汉语不太难

一、课文 Kèwén Text

A: 你 忙 吗?
Nǐ máng ma?

B: 很 忙。
Hěn máng.

A: 汉语 难 吗?
Hànyǔ nán ma?

B: 不 太 难。
Bú tài nán.

二、生词 Shēngcí New Words

1. 忙　　（形）　máng　busy
2. 吗　　（助）　ma　（a modal particle）
3. 很　　（副）　hěn　very
4. 汉语　（名）　Hànyǔ　Chinese, Chinese language
5. 难　　（形）　nán　hard, difficult
6. 太　　（副）　tài　too
7. 爸爸　（名）　bàba　dad
8. 妈妈　（名）　māma　mum

9. 哥哥	（名）	gēge	elder brother
10. 弟弟	（名）	dìdi	younger brother
11. 妹妹	（名）	mèimei	younger sister
12. 他	（代）	tā	he，him
13. 她	（代）	tā	she，her
14. 男	（形）	nán	male，man

三、语音 Yǔyīn Phonetics

（一）韵母 Finals

an en ang eng ong

（二）拼音 Initial-final combinations

声母＼韵母	an	en	ang	eng	ong
b	ban	ben	bang	beng	
p	pan	pen	pang	peng	
m	man	men	mang	meng	
f	fan	fen	fang	feng	
d	dan	den	dang	deng	dong

声母\韵母	an	en	ang	eng	ong
t	tan		tang	teng	tong
n	nan	nen	nang	neng	nong
l	lan		lang	leng	long
g	gan	gen	gang	geng	gong
k	kan	ken	kang	keng	kong
h	han	hen	hang	heng	hong

四、注释 Zhùshì Notes

(一) an 中的 a 读作[a],ang 中的 a 读作[ɑ]。

a in an is pronounced as [a].

a in ang is pronounced as [ɑ].

en、eng 中的 e 读作[a]。

e in en and eng is pronounced as[a].

ong 中的 o 读作[ω]

o in ong is pronounced as [ω].

(二) 轻声 The neutral tone

汉语中有些音节不带声调(不管它们所代表的汉字是第几声),念得很轻,很短。这样的音节,叫轻声。轻声音高受前面一个音节声调的影响而有变化。例如:

Some syllables in Chinese are toneless(disregarding the tones of the characters they represent)and are pronounced light and short.These syllables are called neutralized tones or neutral tones.The pitch of a neutral tone is affected by the tone of the preceding syllable,e.g.

　　　mā ma　　　bái de　　　nǐ men　　　bà ba

注意:在拼写中,轻声音节无调号。

Note:In transcriptions neutral tones do not carry any tone-indicators.

14

（三）半三声　The half 3rd tone

第三声音节后边跟一个第一声、第二声、第四声或轻声音节时，读作半三声，即，只读第三声的前半下降部分，不读后半的上升部分，马上接读下面的音节。例如：

A 3rd-tone syllable becomes a half 3rd tone when it is immediately followed by a 1st, 2nd, 4th or neutral tone syllable, i.e. only the first half (the falling part) of the tone is articulated, and is immediately followed by the next syllable, e.g.

yǔyī　　hěn máng　　wǔfàn　　hǎo ma

五、练习　Liànxí　Exercises

（一）声调　Tones

tā	tá	tǎ	tà	– – – –	tā	他/她
māng	máng	mǎng	màng	– – – –	máng	忙
hēn	hén	hěn	hèn	– – – –	hěn	很
nān	nán	nǎn	nàn	– – – –	nán	难
hān	hán	hǎn	hàn	– – – –	Hàn(yǔ)	汉(语)
bā	bá	bǎ	bà	– – – –	bàba	爸爸
mā	má	mǎ	mà	– – – –	māma	妈妈
gē	gé	gě	gè	– – – –	gēge	哥哥
mēi	méi	měi	mèi	– – – –	mèimei	妹妹
dī	dí	dǐ	dì	– – – –	dìdi	弟弟

（二）轻声　The neutral tone

māma	gēge	tāde	tāmen
yéye	máng ma	lái ma	bái de
nǎinai	hǎo ma	bǎo le	pǎo le
dìdi	mèimei	lèi ma	lèi le

（三）半三声　The half 3rd tone

hěn gāo	hěn nán	hěn dà	hǎo le
nǐ hē	nǐ lái	mǐfàn	hǎo ma

běn bān   běnlái   hěn bàng   hěn pàng

(四)辨音辨调 Pronunciation and tones

bàngōng   bàn kōng   dòng hóng   tōnghóng
hěn nán   hěn lán   hánlěng   kěnéng
hěn máng   hěn màn   nánfāng   nánfáng

(五)认读 Read and learn

爸爸   妈妈   哥哥   弟弟
好吗   忙吗   大吗   难吗
很好   很忙   很大   很难

A：你好吗？
B：很好！

A：你忙吗？
B：很忙。

A：汉语难吗？
B：汉语不难。

(六)回答问题 Answer the questions

1．Nǐ máng ma?
2．Hànyǔ nán ma?
3．Nǐ bàba hǎo ma?
4．Tā máng ma?

(七)完成会话 Complete the dialogues

A：_____！
B：Nǐ hǎo!
A：_____？
B：Hěn máng.
A：_____？

16

B：Hànyǔ bù nán.

(八)交际会话　Communication

问候　Greetings

A：Nǐ hǎo ma?　　　　　　　　How are you?

B：Hěn hǎo.　　　　　　　　　Very well.

A：Nǐ bàba māma hǎo ma?　　　How is your dad and mum?

B：Tāmen dōu hěn hǎo.　　　　They are all very well.

A：Nǐ máng ma?　　　　　　　Are you busy?

B：Bú tài máng.　　　　　　　Not too busy.

A：Nǐ bàba máng ma?　　　　　Is your dad busy?

B：Tā hěn máng.　　　　　　　He is very busy.

(九)写汉字　Learn to write

汉	丶	丶	氵	汈	汉				
语	丶	讠	迈	语					
吗	口	吗							
妈	女	妈							
爸	丿	八	父	父	爷	爷	爸		
哥	一	丁	丏	可	哥				
弟	丶	丷	半	半	弟	弟			
妹	女	女	妁	妹	妹	妹			

17

| 很 | ⺀ | ⺀ | 彳 | 彴 | 彴 | 徢 | 徢 | 很 | 很 | | |
| 忙 | ⺀ | ⺀ | 忄 | 忄 | 忙 | 忙 | | | | | |

妈妈　　　哥哥　　　弟弟

爸爸　　　我　　　妹妹

第 三 课
Lesson 3

谢 谢

一、课文 Kèwén Texts

(一)谢谢

A: 请 进!
  Qǐng jìn!

B: 你 的 信。
  Nǐ de xìn.

A: 谢谢!
  Xièxie!

B: 不 谢!
  Bú xiè.

(二)明天见

A: 你 去 银行 吗?
  Nǐ qù yínháng ma?

B: 不 去。去 邮局。
  Bú qù. Qù yóujú.

A: 明 天 见!
  Míngtiān jiàn!

B: 明 天 见!
  Míngtiān jiàn!

19

二、生词　Shēngcí　New Words

1.	请	（动）	qǐng	please
2.	进	（动）	jìn	come in, enter
3.	的	（助）	de	(a structural particle)
4.	信	（名）	xìn	letter
5.	谢谢	（动）	xièxie	thank
6.	去	（动）	qù	go
7.	银行	（名）	yínháng	bank
8.	邮局	（名）	yóujú	post office
9.	明天	（名）	míngtiān	tomorrow
10.	见	（动）	jiàn	see
11.	六	（数）	liù	six
12.	七	（数）	qī	seven
13.	九	（数）	jiǔ	nine

三、语音　Yǔyīn　Phonetics

（一）声母　Initials:

j　q　x

（二）韵母　Finals:

i　ia　ie　iao　iou(-iu)　ian　in　iang　ing　iong

ü　üe　üan　ün

(三)拼音 Initial-final combinations

声母\韵母	i	ia	ie	iao	iou	ian	in	iang	ing	iong
j	ji	jia	jie	jiao	jiu	jian	jin	jiang	jing	jiong
q	qi	qia	qie	qiao	qiu	qian	qin	qiang	qing	qiong
x	xi	xia	xie	xiao	xiu	xian	xin	xiang	xing	xiong
b	bi		bie	biao		bian	bin		bing	
p	pi		pie	piao		pian	pin		ping	
m	mi		mie	miao		mian	min		ming	
d	di		die	diao	diu	dian			ding	
t	ti		tie	tiao		tian			ting	
n	ni		nie	niao	niu	nian	nin	niang	ning	
l	li	lia	lie	liao	liu	lian	lin	liang	ling	
	ya	ye	yao	you	yan	yin	yang	ying	yong	

声母\韵母	ü	üe	üan	ün
n	nü	nüe		
l	lü	lüe		
j	ju	jue	juan	jun
q	qu	que	quan	qun
x	xu	xue	xuan	xun
	yu	yue	yuan	yun

四、注释 Zhùshì Notes

(一)发音要领 Descriptions of articulation

j [tɕ]舌面阻,不送气,清塞擦音。舌面前部贴硬腭,舌尖顶下齿背,气流从舌面前部与硬腭之间爆发摩擦而出。声带不振动。

Unaspirated voiceless palatal affricate. The front part of the tongue is raised to the hard palate. The tongue-tip is pressed against the back of the lower teeth. The air is squeezed out through the passage between the front part of the tongue and the hard palate,

21

with no vibrations of the vocal cords.

q〔tɕ'〕舌面阻,送气,清塞擦音。发音部位与 j 一样,要尽量送气。

Aspirated voiceless palatal affricate. Its position is the same as that of j, but it requires strong aspiration.

x〔ɕ〕舌面阻,清擦音。舌面前部与硬腭相近,气流从舌面前部与硬腭间摩擦而出。声带不振动。

Voiceless palatal fricative. The front part of the tongue is raised to a position near the hard palate. The air stream is released in between with a friction. The vocal cords do not vibrate.

ie、üe 中的 e 读作〔ε〕。　　e in ie and üe is pronounced as〔ε〕.

(二)书写规则　Rules of writing the transcription

以 i u ü 开头的音节要分别写成 y、w、y:

i, u and ü at the beginning of a syllable are written as y, w and y:

ia – ya	ie – ye	iao – yao	iou – you	ian – yan
in – yin	iang – yang	ing – ying	iong – yong	

ua – wa	uo – wo	uu – wu	uai – wai	uei – wei
uan – wan	uen – wen	uang – wang	ueng – weng	

üe – yue　　üan-yuan　　ün – yun

ü、üe、üan、ün 和 j、q、x 相拼时,ü 上面的两点要去掉,写成:

ju　jue　juan　jun　　qu　que　quan　qun　　xu　xue　xuan　xun

When ü, üe, üan and ün are spelled together with j, q and x, they are removed of the two dots at the top and written as:

ju　jue　juan　jun　　qu　que　quan　qun　　xu　xue　xuan　xun

n、l 与 ü 相拼时,仍写成 ü。例如:lǚ,nǚ。

ü remains unchanged when spelled with n and l.

iou 前面加声母时要写成-iu 例如:liù。

iou is written as -iu if an initial is added.

(三)"不"的变调 Modulations of "不"

"不"的本调是第四声,但在另一个第四声音节前边时,变为第二声。

例如:

The basic tone for "不" is the 4th tone. It changes to the 2nd when it is immediately followed by another 4th-tone syllable:

bù hē   bù nán
bù hǎo   bú qù
bù gāo   bù lái
bù xiǎo bú xiè

五、练习 Liànxí Exercises

(一)声调 Tones

qīng	qíng	qǐng	qìng	– – – – – – – –	qǐng	请
jīn	jín	jǐn	jìn	– – – – – – – –	jìn	进
xīn	xín	xǐn	xìn	– – – – – – – –	xìn	信
xiē	xié	xiě	xiè	– – – – – – – –	xièxie	谢谢
jī	jí	jǐ	jì	– – – – – – – –	jǐ	几
xiā	xiá	xiǎ	xià	– – – – – – – –	xià	下
xiāo	xiáo	xiǎo	xiào	– – – – – – – –	xiǎo	小
liū	liú	liǔ	liù	– – – – – – – –	liù	六
qī	qí	qǐ	qì	– – – – – – – –	qī	七
jiū	jiú	jiǔ	jiù	– – – – – – – –	jiǔ	九
mīng	míng	mǐng	mìng	– – – – – – – –	míng	明
tiān	tián	tiǎn	tiàn	– – – – – – – –	tiān	天
jiān	jián	jiǎn	jiàn	– – – – – – – –	jiàn	见

(二)"不"的变调 Modulations of "不"

bù hē	bù máng	bù hǎo	bú yào
bù tīng	bù néng	bù dǒng	bú kàn
bù bān	bù tián	bù jiǎng	bú niàn
bù xīn	bù xíng	bù qǐng	bú jìn

(三)辨音辨调 Pronunciation and tones

ji	qi	xi	ju	qu	xu
jian	qian	xian	jiang	qiang	xiang
jin	qin	xin	jing	qing	xing

jiàn	juàn	qiān	quán	xiǎn	xuǎn
jīn	jūn	qín	qún	xīn	xūn
jǐ	jǔ	qì	qù	xī	xū

jiā	xià	qīng	xīng	jiǎng	qiáng
jiào	xiào	qiú	xiū	jiè	qiè
jiě	xiě	qiáo	xiǎo	jǐng	qǐng

jīqì	jǔqí	xiūxi	xiūlǐ
jǔxíng	jùxíng	xūyào	xīyào
nǔlì	lǔlǐ	lǚxíng	nǚxìng

jīntiān	míngtiān	jīnnián	míngnián
dōngbiān	xībiān	qiánbiān	hòubiān
quánxiàn	quánmiàn	xīnxiān	xīnnián

(四)认读 Read and learn

请进　　谢谢　　银行　　邮局　　明天　见　　信

去银行　去邮局　明天见　你的信　谢谢你　不谢

A：你去邮局吗?

B：不去。去银行。

A：你好,请进!

B：你的信。

A：谢谢。

B：不谢。

(五)完成会话 Complete the dialogues

A：Nǐ hǎo!

B：＿＿＿＿＿＿＿!

A：Nǐ de xìn.

B：＿＿＿＿＿＿＿!

A：Bú xiè.

A：Nǐ qù yínháng ma?

B：Bú ＿＿＿＿＿. Qù ＿＿＿＿＿.

A：Míngtiān jiàn.

B：＿＿＿＿＿＿＿.

A：＿＿＿＿＿＿＿＿＿?

B：Búqù. Qù yóujú?

A：＿＿＿＿＿＿＿＿＿?

B：Míngtiān jiàn.

(六)交际会话 Communication

1. 感谢 Expressing gratitude

A：Nǐ hǎo! Qǐngjìn. Hello! Please come in.

B：Nǐ de xìn. Here's letter for you.

A：Xièxie! Thank you!

B：Bú xiè. You're welcome.

2. 询问 Making an inquiry

A：Nǐ qù Yínháng ma? Are you going to the bank?

B：Bú qù. Qù yóujú. No, to the post office.

3. 告别 Saying goodbye

A：Míngtiān jiàn. See you tomorrow.

B：Míngtiān jiàn. See you tomorrow.

(七)写汉字 Learn to write.

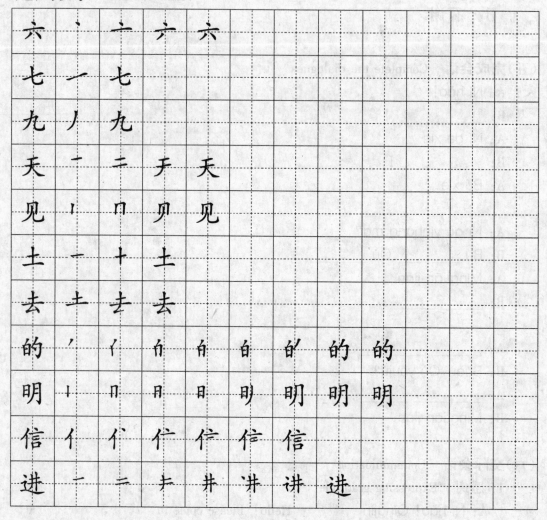

六	丶	亠	六	六					
七	一	七							
九	丿	九							
天	一	二	天	天					
见	丨	冂	见	见					
土	一	十	土						
去	土	去	去						
的	丿	亻	白	白	白	的	的		
明	丨	冂	日	日	明	明	明		
信	亻	亻	信	信	信	信			
进	一	二	井	井	讲	讲	进		

26

第四课 你去哪儿
Lesson 4

一、课文 Kèwén Text

A: 今天 星期 几?
    Jīntiān xīngqī jǐ?

B: 今天 星期 二。
    Jīntiān xīngqī 'èr.

A: 你 去 哪儿?
    Nǐ qù nǎr?

B: 我 去 天安门。 你 去 不 去?
    Wǒ qù Tiān'ānmén. Nǐ qù bu qù?

A: 我 不 去。我 回 学校。
    Wǒ bú qù. Wǒ huí xuéxiào.

B: 再见!
    Zàijiàn!

A: 再见!
    Zàijiàn!

二、生词 Shēngcí New Words

1. 今天	(名)	jīntiān	today
天	(名)	tiān	day
昨天	(名)	zuótiān	yesterday
2. 星期	(名)	xīngqī	week
星期一		xīngqīyī	Monday

27

星期二		xīngqī'èr	Tuesday
星期三		xīngqīsān	Wednesday
星期四		xīngqīsì	Thursday
星期五		xīngqīwǔ	Friday
星期六		xīngqīliù	Saturday
星期天		xīngqītiān	Sunday
3. 几	（代）	jǐ	several
4. 二	（数）	èr	two
5. 三	（数）	sān	three
6. 四	（数）	sì	four
7. 哪儿	（代）	nǎr	where
8. 那儿	（代）	nàr	there
这儿	（代）	zhèr	here
9. 我	（代）	wǒ	I, me
10. 回	（动）	huí	go back(to)
11. 学校	（名）	xuéxiào	school
12. 再见	（动）	zàijiàn	goodbye
13. 公园	（名）	gōngyuán	park

专名 Zhuānmíng Proper Noun

| 天安门 | Tiān'ānmén | Tian'anmen, name of a square |

三、语音 Yǔyīn Phonetics

(一)声母 Initials

z c s

(二)韵母 Finals:

-i [ɿ] er ua uo uai uei(ui) uan uen(un) uang ueng

(三)拼音 Initial-final combinations

28

声母\韵母	a	e	-i	ai	ei	ao	ou	an	en	ang	eng	ong
z	za	ze	zi	zai	zei	zao	zou	zan	zen	zang	zeng	zong
c	ca	ce	ci	cai		cao	cou	can	cen	cang	ceng	cong
s	sa	se	si	sai		sao	sou	san	sen	sang	seng	song

声母\韵母	u	uo	uei(-ui)	uan	uen(-un)
z	zu	zuo	zui	zuan	zun
c	cu	cuo	cui	cuan	cun
s	su	suo	sui	suan	sun

声母\韵母	ua	uo	uai	ui	uan	un	uang	ueng
d		duo		dui	duan	dun		
t		tuo		tui	tuan	tun		
n		nuo			nuan			
l		luo			luan	lun		
g	gua	guo	guai	gui	guan	gun	guang	
k	kua	kuo	kuai	kui	kuan	kun	kuang	
h	hua	huo	huai	hui	huan	hun	huang	
	wa	wo	wai	wei	wan	wen	wang	weng

四、注释 Zhùshì Notes

(一)发音要领 Descriptions of articulation

z [ts]舌尖前阻,不送气,清塞擦音。发音时舌尖平伸,顶上齿背。然后舌尖移开些,让气流从口腔中所留的空隙间摩擦出来。声带不振动。

Unaspirated voiceless frontal-alveolar affricate. First the front part of the tongue is spread and is pressed against the upper alveolar ridge, then the tongue-tip moves apart to let out the air stream through the narrow passage. The vocal cords do not vibrate.

c [ts']舌尖前阻,送气,清塞擦音。发音部位和 z 一样,要尽量送气。

Aspirated voiceless frontal-alveolar affricate. Its position of articulation is the same as that of z, but it requires strong aspiration.

s [ʂ]舌尖前阻,清擦音,舌尖接近下齿背,气流从舌面中缝跟上齿中间摩擦而出。

Aspirated frontal-alveolar affricate. The tip of the tongue makes a light contact with the back of the lower teeth. The air stream is squeezed out between the mid-part of the tongue and the upper teeth.

(二)韵母-i [ɿ]　The final-i

zi、ci、si 的韵母是舌尖前音[ɿ],用字母 i 表示。因为汉语普通话中[i]不出现在 z、c、s 之后,所以 zi、ci、si 中的韵母 i 一定不能读成[i]。

The final "i" in zi, ci and si is the frontal-alveolar[ɿ]. It is represented by the letter i. Since[i]never appears immediately after z, c or s in Chinese *putonghua*, the final -i cannot be pronounced as[i].

(三)"er"和儿化韵　　"er" and the retroflex finals

1. 卷舌韵母　Retroflex finals

发 er 时,先把舌位放至发 e 的位置,然后在将舌尖轻轻上翘的同时发音。

First put the tongue in the position for e, then when pronouncing er, slightly curl up the tongue-tip. Try to pronounce the following:

érzi	son	ěrjī	earphone
èrshí	twenty	èrbǎi	two hundred

2. "er"与其他的韵母结合成一个儿化韵母。儿化韵的写法是在原韵母之后加"r",汉字写法是在原汉字之后写个"儿"字。(有时也可省略不写)

"er" forms a retroflex syllable in combination with other finals. In transcription it is shown by adding "r" to the original final. In written language it is represented by "儿" following the original character. (Sometimes it can be omitted.) Examples:

huàr(画儿)	nǎr(哪儿)	wánr(玩)
picture	where	play

(四)隔音符号 Dividing mark

　　a、o、e 开头的音节连接在其他音节后面的时候,如果音节的界限发生混淆,用隔音符号(')隔开。例如:Tiān'ānmén

When a syllable beginning with a, o, e follows another syllable, it is desirable to use a dividing mark(')to clarify the boundary between the two syllables, e.g. Tiān'ānmén

五、练习　Liànxí　Exercises

(一)声调　Tones

ēr	ér	ěr	èr	– – – – – – – –	ér、èr	儿、二
sān	sán	sǎn	sàn	– – – – – – –	sān	三
sī	sí	sǐ	sì	– – – – – – –	sì	四
nā	ná	nǎ	nà	– – – – – –	nàr、nǎr	那儿、哪儿
wō	wó	wǒ	wò	– – – – – – –	wǒ	我
huī	huí	huǐ	huì	– – – – – –	huí	回
xuē	xué	xuě	xuè	– – – – – –	xué	学
xiāo	xiáo	xiǎo	xiào	– – – – – –	xiào	校
zī	zí	zǐ	zì	– – – – – –	zǐ、zì	子、字

(二)"er"和儿化韵　"er"and the retroflex finals

érzi　　　èrshí　　　ěrjī　　　ěrduo　　　èrbǎi

qù nǎr　　qù nàr　　huà huàr　　yíxiàr　　hǎowánr

(三)辨音辨调　Pronunciation and tones

zá　cā　sā　　　zé　cè　sè
zì　cí　sì　　　zú　cū　sū
zǎn　cān　sān　　zāng　cāng　sāng
zěn　cēn　sēn　　zēng　céng　sēng

zìdiǎn　　cídiǎn　　sì diǎn　　sì tiān
zàijiàn　　cǎidiàn　　xiànzài　　bǐsài
zǔguó　　cùjìn　　cǎisè　　cāicè
sùdù　　dìtú　　zájì　　cáinéng

cūnzi　　sūnzi　　sòngxíng　　sòng xìn

zuótiān   cuòwù   suǒyǐ   zuòyè
cānjiā   zēngjiā   sàn bù   yǔsǎn
zuìhòu   suíhòu   dǎsǎo   bá cǎo

(四)认读 Read and learn

今天　　明天　星期几　哪儿　那儿　明天见　再见

去哪儿　去那儿　去银行　去邮局　去学校　去公园

星期一　星期二　星期三　星期四　星期五　星期六

星期天

A：你去哪儿？

B：我回学校。你回不回？

A：我不回。我去天安门。

B：再见！

A：再见！

(五)完成会话 Complete the dialogues

A：Nǐ qù nǎr?

B：_____ . Nǐ qù bu qù?

A：Wǒ bú qù. Wǒ huí xuéxiào.

B：_____ !

A：Zàijiàn!

A：_____ ?

B：Wǒ qù Tiān'ānmén. Nǐ qù bu qù?

A：_____ , _____ .

B：Zàijiàn!

A：_____ !

(六)交际会话 Communication

1. 课堂用语 Classroom Chinese

   A：Wǒ wèn, nǐmen huídá, hǎo ma?

   B：Hǎo!

   A：Duì bu duì?

   B：Duì le.

32

A：Dǒngle ma?

B：Dǒng le.

2. 问地点　Asking about a place

A：Qǐng wèn, bàngōnglóu zài nǎr?

B：Zài nàr.

A：Xièxie.

B：Bú kèqi.

3. 问星期几　Asking about the day

A：Jīntiān xīngqī jǐ?

B：Jīntiān xīngqī yī.

4. 打招呼　　Greetings

A：Nǐ qù nǎr?

B：Wǒ qù Tiān'ānmén.

5. 坐出租车　　Taking a taxi

A：Nǐ qù nǎr?

B：Wǒ qù Gùgōng.

(七)写汉字　Learn to write

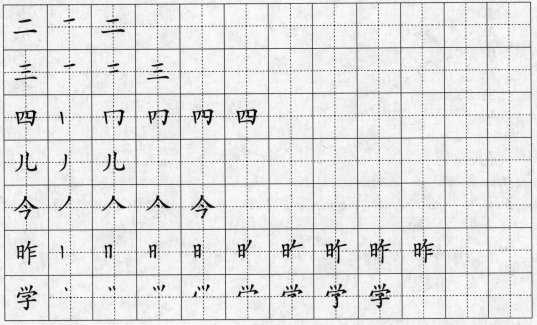

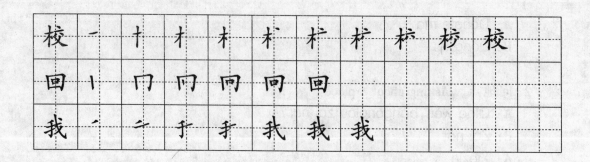

校	一	十	才	木	村	枯	松	校	校	
回	丨	冂	冋	囘	回	回				
我	一	二	手	手	我	我	我			

这是什么书

一、课文 Kèwén Text

(一)

A: 这 是 王 老师，这 是 我爸爸。
　　Zhè shì Wáng lǎoshī, zhè shì wǒ bàba.

B: 您 好！
　　Nín hǎo!

C: 您 好！
　　Nín hǎo!

(二)

A: 这 是 什么 书？
　　Zhè shì shénme shū?

B: 这 是 中文 书。
　　Zhè shì Zhōngwén shū.

A: 这 是 谁 的 书？
　　Zhè shì shuí de shū?

B: 这 是 王 老师 的 书。
　　Zhè shì Wáng lǎoshī de shū.

A: 那 是 什么 杂志？
　　Nà shì shénme zázhì?

B：那 是 英文　杂志。
　　Nà shì Yīngwén zázhì.

A：那 是 谁 的 杂志？
　　Nà shì shuí de zázhì?

B：那 是 我 的 杂志。
　　Nà shì wǒ de zázhì.

二、生词　Shēngcí　New Words

1. 这	（代）	zhè	this
2. 是	（动）	shì	be(am, are, is, etc.)
3. 老师	（名）	lǎoshī	teacher
4. 您	（代）	nín	you
5. 什么	（代）	shénme	what
6. 书	（名）	shū	book
7. 谁	（代）	shuí	who
8. ……文	（名）	……wén	written language
中文		Zhōngwén	Chinese
英文		Yīngwén	English
法文		Fǎwén	French
俄文		Éwén	Russian
西班牙文		Xībānyáwén	Spanish
德文		Déwén	German
阿拉伯文		Ālābówén	Arabic
日文		Rìwén	Japanese
9. 那	（代）	nà	that

36

10. 杂志	（名）	zázhì	magazine
11. 十	（数）	shí	ten
12. 日	（名）	rì	sun，day
13. 人	（名）	rén	man

专名　Zhuānmíng　Proper Noun

王	Wáng	Wang，a surname

三、语音　Yǔyīn　Phonetics

(一)声母　Initials

zh　ch　sh　r

(二)韵母　Finals

-i [ʅ]

(三)拼音　Initial-final combinations

韵母〳声母	a	e	-i	ai	ei	ao	ou
zh	zha	zhe	zhi	zhai	zhei	zhao	zhou
ch	cha	che	chi	chai		chao	chou
sh	sha	she	shi	shai	shei	shao	shou
r		re	ri			rao	rou

韵母〳声母	an	en	ang	eng	ong
zh	zhan	zhen	zhang	zheng	zhong
ch	chan	chen	chang	cheng	chong
sh	shan	shen	shang	sheng	
r	ran	ren	rang	reng	rong

37

韵母 声母	u	ua	uo	uai	uei(ui)	uan	uen(un)	uang
zh	zhu	zhua	zhuo	zhuai	zhui	zhuan	zhun	zhuang
ch	chu	chua	chuo	chuai	chui	chuan	chun	chuang
sh	shu	shua	shuo	shuai	shui	shuan	shun	shuang
r	ru	rua	ruo		rui	ruan	run	

四、注释　Zhùshì　Notes

(一)发音要领　Descriptions of articulation

zh [tʂ]舌尖后阻,不送气,清塞擦音。舌尖上卷顶住硬颚,气流从舌尖与硬颚间爆发摩擦而出,声带不振动。

Unaspirated voiceless post-alveolar affricate. The tip of the tongue is raised to the hard palate to form an obstacle. With a sudden separation of the tongue-tip and the hard palate the air is let out, with no vibrations of the vocal cords.

ch [tʂ']舌尖后阻,送气,清塞擦音。发音部位与 zh 一样,但要送气。

Aspirated voiceless post-alveolar affricate. Its position of articulation is the same as that of zh, but it is aspirated.

sh [ʂ]舌尖后阻,清擦音。舌尖上卷,接近硬颚,气流从舌尖与硬颚间摩擦而出。声带不振动。

Voiceless post-alveolar affricate. The tip of the tongue is raised to a position close to the hard palate. The air stream is released with a friction between the tongue-tip and the hard palate. The vocal cords do not vibrate.

r [ʐ]舌尖后阻,浊擦音。发音部位与 sh 一样,但是浊音。声带振动。

Voiced post-alveolar affricate. Its position of articulation is the same as that of sh, but it is voiced, i.e. it requires the vibration of the vocal cords.

(二)韵母　Final

-i [ʅ]

zhi、chi、shi、ri 中的韵母是舌尖后元音[ʅ],用字母-i 表示。因为汉语普通话中[i]不出现在 zh、ch、sh、r 之后,所以 zhi、chi、shi、ri 中的 i 一定不要读成[i]。

The final in zhi, chi, shi, and ri is the post-alveolar vowel [ʅ]. It is represented by the letter -i. Since [i] never appears immediately after these initials, the i in zhi, chi, shi and ri should not be pronounced as [i].

五、练习 Liànxí Exercises

(一)声调 Tones

zhē	zhé	zhě	zhè	— — — — — — —	zhè 这
shī	shí	shǐ	shì	— — — — — — —	shí、shì 十、是
shū	shú	shǔ	shù	— — — — — — —	shū 书
zhī	zhí	zhǐ	zhì	— — — — — — —	(zá)zhì (杂)志
shuī	shuí	shuǐ	shuì	— — — — — — —	shuí 谁
shī	shí	shǐ	shì	— — — — — — —	(lǎo)shī (老)师
rēn	rén	rěn	rèn	— — — — — — —	rén 人

(二)辨音辨调 Pronunciation and tones

zhī	chī	shì	rì	zhè	chē	shè	rè
zhàn	chǎn	shān	rán	zhāng	cháng	shàng	ràng
zhēn	chèn	shén	rén	zhèng	chéng	shēng	réng

zá	zhá	cā	chá	sǎ	shǎ
zé	zhé	cè	chè	sè	shè
zì	zhì	cí	chí	sì	shì

sìshí	shísì	xiūxi	xiāoxi
zhīdao	chídào	zhēnchéng	zhēnzhèng
Chángchéng	chángzhǎng	Zhōngwén	chōngfèn

chēzhàn	qīxiàn	chūntiān	qiūtiān
chéngnián	qīngnián	chuánshang	chuángshang
shīwàng	xīwàng	shāngxīn	xiāngxìn

zhījǐ	shíjī	shènglì	jīnglǐ
shēnghuó	jīngguò	shāngdiàn	jiànmiàn

39

rènshi   línshí   rénlì   rìlì

(三)认读 Read and learn

一 二 三 四 五 六 七 八 九 十
这是　　中文书　那是　英文杂志　谁　老师

A：这是什么书？
B：这是中文书。

A：那是什么杂志？
B：那是英文杂志。

A：这是谁的书？
B：这是王老师的书。

A：那是谁的杂志？
B：那是我的杂志。

(四)替换 Substitution

1. A：Zhè shì shénme shū?
　 B：Zhè shì Zhōngwén shū.

zázhì	Zhōngwén
cídiǎn	Yīngwén
bào	Wàiwén
dìtú	Zhōngguó

2. A：Nà shì shénme zázhì?
　 B：Nà shì Yīngwén zázhì.

cídiǎn	Yīngwén
huàbào	Zhōngwén
shū	Hànyǔ
dìtú	shìjiè

3. A: Zhè shì shuí de shū?
   B: Zhè shì <u>Wáng lǎoshī</u> de shū.

Zhào	jiàoshòu
Lín	lǎoshī
Bái	dàifu
Cháng	xiàozhǎng

4. A: Nǐ qù nǎr?
   B: Wǒ <u>qù</u> <u>shítáng</u>.

huí	sùshè
qù	xuéxiào
qù	yínháng
qù	yóujú
qù	túshūguǎn

(五)交际会话　Communication

1. 指认　What's this/that
   A: Zhè shì shénme shū?
   B: Zhè shì Zhōngwén shū.

   A: Nà shì shénme cídiǎn?
   B: Nà shì Yīngwén cídiǎn.

2. 介绍　Introducing People
   A: Zhè shì Wáng lǎoshī. Lǎoshī, zhè shì wǒ de péngyou Màikè.
   B: Nín hǎo.
   C: Nǐmen hǎo.

(六)写汉字　Learn to write

中	丶	口	口	中						
文	丶	二	宀	文						
公	丿	八	公	公						
日	丨	冂	日	日						
是	旦	旦	早	昙	昙	是				
这	丶	二	宀	文	讠	这	这			
书	乛	乛	书	书						
杂	丿	九	九	杂	杂	杂				
志	一	十	士	志	志	志	志			
您	亻	亻	你	你	你	你	您			

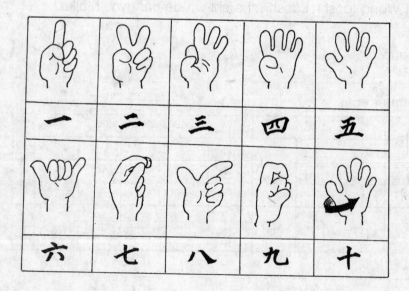

-i	-ia	-iao	-ie	-iu	-ian	-in	-iang	-ing	-iong	-u	-ua	-uo	-uai	-ui	-uan	-un	-uang	-ü	-üe	-üan	-ün
bi		biao	bie		bian	bin		bing		bu											
pi		piao	pie		pian	pin		ping		pu											
mi		miao	mie	miu	mian	min		ming		mu											
										fu											
di		diao	die	diu	dian			ding		du		duo		dui	duan	dun					
ti		tiao	tie		tian			ting		tu		tuo		tui	tuan	tun					
ni		niao	nie	niu	nian	nin	niang	ning		nu		nuo			nuan			nü	nüe		
li	lia	liao	lie	liu	lian	lin	liang	ling		lu		luo			luan	lun		lü	lüe		
										zu		zuo		zui	zuan	zun					
										cu		cuo		cui	cuan	cun					
										su		suo		sui	suan	sun					
										zhu	zhua	zhuo	zhuai	zhui	zhuan	zhun	zhuang				
										chu	chua	chuo	chuai	chui	chuan	chun	chuang				
										shu	shua	shuo	shuai	shui	shuan	shun	shuang				
										ru	rua	ruo		rui	ruan	run					
ji	jia	jiao	jie	jiu	jian	jin	jiang	jing	jiong									ju	jue	juan	jun
qi	qia	qiao	qie	qiu	qian	qin	qiang	qing	qiong									qu	que	quan	qun
xi	xia	xiao	xie	xiu	xian	xin	xiang	xing	xiong									xu	xue	xuan	xun
										gu	gua	guo	guai	gui	guan	gun	guang				
										ku	kua	kuo	kuai	kui	kuan	kun	kuang				
										hu	hua	huo	huai	hui	huan	hun	huang				
yi						yin		ying										yu	yue	yuan	yun
										wu											

汉语普通话声韵母拼合表

INITIAL-FINAL COMBINATIONS IN STANDARD CHINESE COMMON...

声母＼韵母	a	o	e	ê	-i	er	ai	ei	ao	ou	an	en	ang	eng	ong
	a	o	e	ê		er	ai	ei	ao	ou	an	en	ang	eng	
b	ba	bo					bai	bei	bao		ban	ben	bang	beng	
p	pa	po					pai	pei	pao	pou	pan	pen	pang	peng	
m	ma	mo	me				mai	mei	mao	mou	man	men	mang	meng	
f	fa	fo						fei		fou	fan	fen	fang	feng	
d	da		de				dai	dei	dao	dou	dan	den	dang	deng	dong
t	ta		te				tai		tao	tou	tan		tang	teng	tong
n	na		ne				nai	nei	nao	nou	nan	nen	nang	neng	non
l	la		le				lai	lei	lao	lou	lan		lang	leng	long
z	za		ze		zi		zai	zei	zao	zou	zan	zen	zang	zeng	zo
c	ca		ce		ci		cai		cao	cou	can	cen	cang	ceng	con
s	sa		se		si		sai		sao	sou	san	sen	sang	seng	son
zh	zha		zhe		zhi		zhai	zhei	zhao	zhou	zhan	zhen	zhang	zheng	zhon
ch	cha		che		chi		chai		chao	chou	chan	chen	chang	cheng	chong
sh	sha		she		shi		shai	shei	shao	shou	shan	shen	shang	sheng	
r			re		ri				rao	rou	ran	ren	rang	reng	rong
j															
q															
x															
g	ga		ge				gai	gei	gao	gou	gan	gen	gang	geng	gong
k	ka		ke				kai	kei	kao	kou	kan	ken	kang	keng	kong
h	ha		he				hai	hei	hao	hou	han	hen	hang	heng	hong
y	ya			ye					yao	you	yan		yang		yong
w	wa	wo					wai	wei			wan	wen	wang	weng	

第 六 课
Lesson 6　这是王老师

复习一　Review（1）

一、课文 Kèwén　Text

麦克：这 是 王　老师。
　　　Zhè shì Wáng lǎoshī.

　　　老师，这是我
　　　Lǎoshī, zhè shì wǒ

　　　朋友。
　　　péngyou.

玛丽：老 师 好!
　　　Lǎoshī hǎo!

老师：你们 好! 欢迎
　　　Nǐmen hǎo! Huānyíng

　　　你们。请 进，请 坐。
　　　nǐmen. Qǐngjìn, qǐngzuò.

　　　你们 喝点儿什么?
　　　Nǐmen hē diǎnr shénme?

麦克：我 喝 咖啡。
　　　Wǒ hē kāfēi.

玛丽：我 喝茶。
　　　Wǒ hē chá.

老师：请 吧!
　　　Qǐngba!

43

麦克 谢谢!
玛丽: Xièxie!

二、生词　Shēngcí　New Words

1.	朋友	(名)	péngyou	friend
2.	你们	(代)	nǐmen	you (pl.)
3.	欢迎	(动)	huānyíng	welcome
4.	坐	(动)	zuò	sit
5.	喝	(动)	hē	drink
6.	点儿	(量)	diǎnr	a little
7.	咖啡	(名)	kāfēi	coffee
8.	茶	(名)	chá	tea
9.	吧	(助)	ba	(a modal particle)

专名　Zhuānmíng　Proper Nouns

1.	麦克	Màikè	Mike
2.	玛丽	Mǎlì	Mary

三、练习　Liànxí　Exercises

(一) 辨别声母　Identify the initials

ban	pan	dan	tan	gan	kan
ben	pen	dang	tang	geng	keng
jian	qian	xian	jiang	qiang	xiang
ju	qu	xu	jin	qin	xin
zi	ci	si	zhi	chi	shi
zu	cu	su	ze	ce	se

zhe	che	zhan	chan	zhang	chang
shu	ru	shan	ran	shang	rang
zan	zhan	ca	cha	zhu	chu

44

zai	zhai	cao	chao	chuan	shuan
zong	zhong	cui	chui	zhuan	ruan

（二）辨别韵母　Identify the finals

ban	bang	ben	beng	dun	dong
pan	pang	fen	feng	tun	tong

jian	jiang	pin	ping	huan	huang
lian	liang	min	ming	guan	guang
qian	qiang	xin	xing	chuan	chuang
xian	xiang	jin	jing	zhuan	zhuang

（三）辨音辨调　Pronunciation and tones

zìjǐ	zhījǐ	cún qián	chūntiān
chēngzàn	cānguān	zǒngyào	zhòngyào
sìshí	shìshí	cìjī	sījī

dǎsǎn	dàshān	qīngzǎo	qīngsǎo
sēnlín	shēntǐ	zǔguó	sùshuō
zájì	zázhì	shuìjiào	shuǐdào

（四）变调　Modulations of tones

1. 三声变调　Modulations of the 3rd tone

jiǎndān	hǎibiān	hǎixiān	hǎochī
biǎoyáng	gǎnjué	jiǎnchá	lǚxíng
yǔfǎ	chǎngzhǎng	biǎoyǎn	kěyǐ
bǐsài	děngdài	biǎoshì	gǎnxiè
ěrduo	sǎngzi	yǐzi	nǎinai

2."不"的变调　Modulations of "不"

bù chī	bù hē	bù shuō	bù duō
bù lái	bù xíng	bù tóng	bù néng
bù mǎi	bù lěng	bù dǎ	bù hǎo
bú bài	bú qù	bú mài	bú gòu

（五）儿化韵　Retroflexed syllables

xiǎoháir	hǎowánr	méishìr	liáotiānr
yìdiǎnr	yíxiàr	yíhuìr	yíkuàir

yǒudiǎnr   chànggēr   yǎnjìngr   míngpáir
qùnǎr   qùnàr   zàinǎr   zàinàr

(六)轻声 The neutral tones

gāode   dīde   nánde   nǔde
báide   hóngde   lǜde   rènao
tàiyang yuèliang běnzi   jiǎozi

(七)完成会话 Complete the dialogues

A：Míngtiān nǐ qù nǎr?

B：_____．

shūdiàn	yínháng
yóujú	xuéxiào

A：_____?

B：Wǒ hē chá．

kāfēi	píjiǔ
niúnǎi	kělè

A：Tā shì shuí?

B：Tā shì _____．

Wáng lǎoshī	wǒ bàba
wǒ māma	wǒ gēge
wǒ tóngxué	wǒ jiějie

(八)交际会话 Communication

感谢 Expressing gratitude
A：Qǐng hē chá．
B：Xièxie．
A：Bú kèqi．

(九)写汉字 Learn to write

师	丿	丬	师	师	师	师				
朋	丿	月	月	月	朋					
友	一	大	方	友						
们	亻	亻	们	们						
欢	丁	又	欢	欢	欢	欢				
请	丶	讠	讠	讠	请	请	请			
坐	人	从	坐	坐	坐					
咖	口	叻	叻	咖						
啡	口	叫	啡	啡	啡	啡	啡			
茶	一	艹	艹	艹	茶	茶	茶	茶	茶	
谢	讠	讠	讠	谢	谢	谢	谢	谢	谢	谢

第七课 Lesson 7　我学习汉语

一、课文　Kèwén　Text

麦克：请问，您贵姓？
Qǐngwèn, nín guì xìng?

张东：我姓张。
Wǒ xìng Zhāng.

麦克：你叫什么名字？
Nǐ jiào shénme míngzi?

张东：我叫张东。
Wǒ jiào Zhāng Dōng.

麦克：你是哪国人？
Nǐ shì nǎ guó rén?

张东：我是中国人。
Wǒ shì Zhōngguó rén.

你是哪国人？
Nǐ shì nǎ guó rén?

麦克：我是美国人。
Wǒ shì Měiguó rén.

张东：你学习什么？
Nǐ xuéxí shénme?

麦克：我学习汉语。
Wǒ xuéxí Hànyǔ.

张东：汉语 难 吗？

Hànyǔ nán ma?

麦克：汉字很 难，发音 不 太 难。

Hànzì hěn nán, fāyīn bú tài nán.

二、生词 Shēngcí New Words

1.	请问		qǐng wèn	Excuse me
2.	贵姓		guì xìng	May I know your name?
3.	姓	（动、名）	xìng	name, family name
4.	叫	（动）	jiào	call, name
5.	名字	（名）	míngzi	name
6.	哪	（代）	nǎ	which
7.	国	（名）	guó	country, nationality
	中国		Zhōngguó	China
	美国		Měiguó	the United States
	法国		Fǎguó	France
	英国		Yīngguó	Britain
	德国		Déguó	Germany
	日本国		Rìběnguó	Japan
8.	学习	（名）	xuéxí	study
	学	（动）	xué	study, learn
9.	汉字	（名）	Hànzì	Chinese characters
10.	发音	（名）	fāyīn	pronunciation

专名 Zhuānmíng Proper Noun

张东   Zhāng Dōng   Zhang Dong, name of a person

三、注释 Zhùshì Notes

(一)中国人的姓名 The names of Chinese

中国人的名字分姓和名两部分,姓在前,名在后,姓多为一个汉字,少数为两个汉字;名有两个汉字的,也有一个汉字的。

The name of a Chinese person has two parts: the family name and the personal or first name. The family name always comes before the personal name. Most family names consist of one character; a few have two. Personal names can be of one character or of two characters.

姓	名		
王	伟国	Wáng	Wěiguó
张	东	Zhāng	Dōng
田	芳	Tián	Fāng

(二)贵姓 May I ask your (family) name?

询问姓名时用的敬辞。

This is a very polite expression used to ask a person about his/her name.

四、语音 Yǔyīn Phonetics

词重音(1) Word stress (1)

汉语双音节词和多音节词中总有一个音节读得重一些,这个重读音节就叫词重音。大部分词的重音在最后一个音节上,本书用音节下面加"△"来表示词重音。

In a disyllabic or multisyllabic Chinese word there is usually one syllable that is stressed. This syllable is called the stressed syllable. For most words, the stress falls on the last syllable. In this book the stress is indicated by "△" below the syllable.

Hànyǔ　　fāyīn　　　Yīngyǔ
　　△　　　　△　　　　　△

xīngqī　　dàxué　　　wénhuà
　　△　　　　△　　　　　△

五、练习 Liànxí Exercises

(一) 语音 Phonetics

1. 辨音辨调 Pronunciation and tones

dàxué	dà xuě	xuéxí	xuéqī
Yīngyǔ	yīnyuè	Fǎyǔ	fānyì
Rìyǔ	lìyú	yān jiǔ	yánjiū

2. 三声变调 Modulations of the 3rd tone

qǐng chī	qǐng hē	qǐng tīng	qǐng shuō
hěn nán	hěn máng	hěn hóng	hěn téng
hěn lěng	hěn kě	měihǎo	shǒubiǎo
hěn dà	wǒ pà	hěn màn	hěn è
hǎo ma	xiǎo ma	lǎo de	shǎo le

3. 轻声 The neutral tone

zhuōzi	duōshao	duōme	qīngchu
liángkuai	zánmen	máfan	míngzi
dǒngma	lěngma	zěnme	nuǎnhuo
wèile	tòngkuai	dàifu	tàidu

4. 声调搭配 Collocations of tones

fēijī	xīngqī	gōngjīn	kāfēi

xīnwén	yāoqiú	qīngnián	kēxué
gāngbǐ	hēibǎn	tīngxiě	gōnglǐ
fānyì	tiānqì	gānjìng	gāoxìng
tāmen	xiūxi	dōngxi	xiāoxi

（二）回答问题　Answer the questions

1. Nǐ jiào shénme míngzi?

2. Nǐ shì nǎ guó rén?

3. Nǐ xuéxí shénme?

4. Hànyǔ nán ma?

（三）完成会话　Complete the dialogues

A：_____?

B：Wǒ xìng Zhāng.

A：_____?

B：Wǒ jiào Zhāng Dōng.

A：_____?

B：Wǒ shì Zhōngguó rén.

A：_____?

B：Wǒ xuéxí Hànyǔ.

A：_____?

B：Fāyīn bú tài nán, Hànzì bù róngyi.

（四）认读　Read and learn

我叫麦克，我是美国人。我学习汉语。汉语的发音不太难，汉字很难。他叫张东，他是中国人，他学习英语。

（五）交际会话　Communication

1. 询问姓名　Enquiring about names

A：Guì xìng?

B：Wǒ xìng Wáng, wǒ jiào Wáng Wěiguó.

　　Nǐ jiào shénme míngzi?

A：Wǒ jiào Màikè.

2. 打听　Asking about someone

　　A：Tā shì shuí?

　　B：Tā shì wáng lǎoshī.

3. 自我介绍　Introducing oneself

　　A：Wǒ jiào Màikè.

　　　　Wǒ shì Měiguó rén.

　　　　Wǒ shì liúxuéshēng.

4. 问国籍　Asking about someone's nationality

　　A：Nǐ shì nǎ guó rén?

　　B：Wǒ shì Zhōngguó rén.

(六)写汉字　Learn to write

太	一	ナ	大	太						
容	丶	八	宀	宀	容	宓	突	容		
易	丶	口	日	日	昜	易	易	易		
习	刁	习	习							
叫	丨	口	口	叫	叫					
姓	乆	女	女	女	妒	姒	姓	姓		
名	丿	夕	夕	名						
字	丶	宀	字							
贵	丶	口	虫	中	虫	贵	贵	贵	贵	

发	一	步	为	发	发						
音	二	亠	立	立	音						
国	l	冂	冃	囯	国	国	国	国			

第八课 Lesson 8　你吃什么

一、课文　Kèwén　Text

（在教室）

麦克：中午　你去哪儿吃饭？
　　　Zhōngwǔ nǐ qù nǎr chī fàn?

玛丽：我 去 食堂。
　　　Wǒ qù shítáng.

（在食堂）

麦克：你吃 什么？
　　　Nǐ chī shénme?

玛丽：我 吃 馒头。
　　　Wǒ chī mántou.

麦克：你要 几个？
　　　Nǐ yào jǐ ge?

玛丽：一个。你吃 吗？
　　　Yí ge. Nǐ chī ma?

麦克：不吃。我 吃 米饭。你喝 什么？
　　　Bù chī. Wǒ chī mǐfàn. Nǐ hē shénme?

玛丽：我要 一 碗 鸡蛋汤。你喝 吗？
　　　Wǒ yào yì wǎn jīdàn tāng. Nǐ hē ma?

麦克：不 喝。我 喝 啤酒。
　　　Bù hē. Wǒ hē píjiǔ.

55

玛丽：这 些 是 什么？
　　　Zhè xiē shì shénme?

麦克：这 是 饺子。那 是 包子。
　　　Zhè shì jiǎozi. Nà shì bāozi.

二、生词　Shēngcí　New Words

1.	中午	（名）	zhōngwǔ	noon
2.	吃	（动）	chī	eat
3.	饭	（名）	fàn	meal
4.	食堂	（名）	shítáng	dining hall
5.	馒头	（名）	mántou	*mantou* (steamed bun)
6.	米饭	（名）	mǐfàn	steamed rice
	米	（名）	mǐ	rice
7.	要	（动）	yào	want, desire
8.	个	（量）	gè	(a quantifier)
9.	碗	（名）	wǎn	bowl
10.	鸡蛋	（名）	jīdàn	egg
11.	汤	（名）	tāng	soup
12.	啤酒	（名）	píjiǔ	beer
13.	(一)些	（量）	(yì)xiē	some
14.	这些	（代）	zhèxiē	these
	那些	（代）	nàxiē	those
15.	饺子	（名）	jiǎozi	*jiaozi* (dumpling)
16.	包子	（名）	bāozi	*baozi*
17.	面条儿	（名）	miàntiáor	noodles

三、注释 Zhùshì Note

"一"的变调 Modulations of "一"

数词"一"的本调是第一声，在单独念、数数或读号码时，读本调。

"一"的发音根据后面音节的声调改变。"一"后面的音节是第一、二、三声时，"一"读成第四声。"一"后面的音节是第四声时，"一"读成第二声。例如：

The basic tone of the numeral "一" is the 1st tone. When read alone, or in counting or in numbers, its basic tone is used.

The tone of "一" may vary with the tone of the syllable that comes after it: if followed by the 1st, 2nd or the 3rd tone, "一" is pronounced as the 4th tone; if it is followed by a 4th tone, it is pronounced as the 2nd tone. e.g.

yìbǎn	yìyuán	yì běn	yí gè
yìshí	yì nián	yìdiǎn	yí jiàn

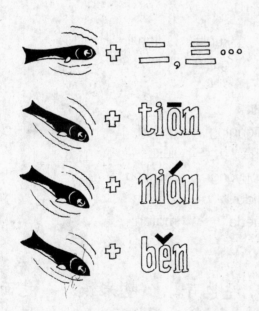

四、练习 Liànxí Exercises

(一)语音 Phonetics

  1. 辨音辨调 Pronunciation and tones

tóu	shǒu	bí	yǎn	kǒu
jī	yā	niú	yáng	gǒu
fàn	cài	guǒ	chá	nǎi
ròu	dàn	táng	yān	jiǔ

mántou	nánshòu	bāozi	páozi
jīdàn	qī tiān	shūbāo	shūbào
dā chē	dàchē	nǎli	nàli

2. 多音节连读 Multisyllabic liaison

chī mántou	chī miànbāo	chī dàngāo	chī jiǎozi
hē kāfēi	hē niúnǎi	hē píjiǔ	hē chá

3. "一"的变调 Modulations of "一"

yì fēng	yì tiān	yì zhāng	yì biān
yì céng	yì huí	yì jié	yì nián
yì běn	yì diǎn	yì bǎ	yì chǎng
yí gè	yí kè	yí liàng	yí bàn

4. 轻声 The neutral tone

dāozi	chāzi	sháozi	kuàizi	jiǎnzi
wūzi	zhuōzi	yǐzi	guìzi	hézi

5. 声调搭配 Collocations of tones

fángjiān	míngtiān	niánqīng	guójiā
míngnián	huídá	jíhé	liúxué
niúnǎi	píjiǔ	yóuyǒng	ménkǒu
yóupiào	bú yào	cídài	xíguàn
biéde	péngyou	juéde	máfan

(二)认读 Read and learn

吃饭	吃馒头	吃包子	吃米饭	吃面条
吃饺子	喝什么	喝汤	喝茶	喝牛奶
喝啤酒	喝水	喝鸡蛋汤	什么汤	
什么书	什么人	什么词典	什么名字	

(三)回答问题 Answer the questions

1. Nǐ qù nǎr chī fàn?

2. Zhè shì shénme?

3. Nà shì shénme?

4. Nàxiē shì shénme?

5. Nǐ chī shénme?

6. Nǐ chī jǐ ge?

(四)完成会话 Complete the dialogues

A：_____?

B：Wǒ qù shítáng chī fàn.

A：_____?

B：Zhè shì mántou.

A：_____?

B：Nà shì bāozi.

A：_____?

B：Nàxiē shì jiǎozi.

A：_____?

B：Wǒ chī mántou.

A：_____?

B：Wǒ chī yí ge. Nǐ chī ma?

A：_____, wǒ chī_____. Nǐ hē tāng ma?

B：Hē. Wǒ yào yí ge jī dàn tāng. Nǐ hē shénme?

A：Wǒ hē _____.

(五) 交际会话 Communication

1. 点菜 Ordering dishes

A：Nǐ chī shénme?

B：Wǒ chī mǐfàn.

A：Nǐ hē shénme?

B：Wǒ hē píjiǔ.

2. 指认 "What's this?"

（看图问答）

A：这是什么？

B：这是_____。

筷子	碗	书	词典	手机
kuàizi	wǎn	shū	cídiǎn	shǒujī

伞	汽车	电视	录音机	电脑
sǎn	qìchē	diànshì	lùyīnjī	diànnǎo

(六)写汉字　Learn to write

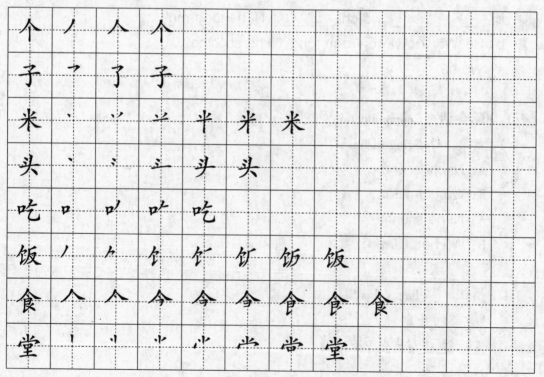

个	丿	个	个					
子	⺈	了	子					
米	丶	丷	半	米	米			
头	丶	冫	头	头				
吃	口	叮	吃	吃				
饭	丿	饣	饣	饣	饭	饭		
食	人	人	今	今	今	食	食	食
堂	⺌	⺌	⺌	半	当	当	堂	

些	一	屮	止	此	此	此	些			
包	丿	勹	勽	勽	包					
面	一	ナ	疒	币	而	面	面	面	面	
条	丿	夂	夂	条						

第九课 Lesson 9　苹果一斤多少钱

一、课文　Kèwén　Text

A:你买 什么？
　Nǐ mǎi shénme?

B:苹果 一斤多少 钱？
　Píngguǒ yì jīn duōshao qián?

A:四块。
　Sì kuài.

B:四块？太贵了。三 块 五吧。
　Sì kuài? Tài guì le. Sān kuài wǔ ba.

A:你要 几斤？
　Nǐ yào jǐ jīn?

B:我买 五斤。
　Wǒ mǎi wǔ jīn.

A:还要 别的吗？
　Hái yào biéde ma?

B:橘子多少 钱 一斤？
　Júzi duōshao qián yì jīn?

A:两 块 五。
　Liǎng kuài wǔ.

B:要 两 斤。一共 多少 钱？
　Yàoliǎng jīn. Yígòng duōshao qián?

A:一共 二十二块 五(毛)。
　Yígòng èrshí'èr kuài wǔ(máo).

62

你给 二十二 块 吧。

Nǐ gěi èrshí'èr kuài ba.

B：给 你 钱。

Gěi nǐ qián.

A：这 是 五十，找 您 二十八 块。

Zhè shì wǔshí, zhǎo nín èrshíbā kuài.

二、生词 Shēngcí New Words

1.	买	（动）	mǎi	buy
2.	苹果	（名）	píngguǒ	apple
3.	钱	（名）	qián	money
4.	斤	（量）	jīn	*jin* (1/2 kg.)
5.	贵	（形）	guì	expensive
6.	多少	（代）	duōshao	how much, how many
	多	（形）	duō	many, much, more
	少	（形）	shǎo	few, little, less
7.	块	（量）	kuài	*yuan*, *kuai*
8.	角（毛）	（量）	jiǎo (máo)	*jiao* (*mao*)
9.	分	（量）	fēn	*fen*
10.	两	（数）	liǎng	two
11.	橘子	（名）	júzi	orange
12.	还	（副）	hái	also, in addition
13.	别的	（代）	biéde	other
14.	一共	（副）	yígòng	altogether
15.	给	（动）	gěi	give
16.	找	（动）	zhǎo	give change

补充生词　Bǔchōng shēngcí　Supplementary New Words

1. 香蕉　　　　（名）　　　xiāngjiāo　　banana
2. 葡萄　　　　（名）　　　pútao　　　　grape
3. 西瓜　　　　（名）　　　xīguā　　　　watermelon
4. 梨　　　　　（名）　　　lí　　　　　　pear
5. 桃　　　　　（名）　　　táo　　　　　peach
6. 草莓　　　　（名）　　　cǎoméi　　　strawberry
7. 公斤　　　　（量）　　　gōngjīn　　　kilogram

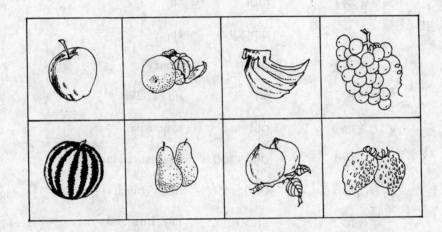

三、注释　Zhùshì　Note

……吧　　The modal particle "吧"
表示要求、商量的语气。例如：
The modal particle "吧" may express a tone of demand, request or consultation, e.g.

你给二十二块吧。

四、语音　Yǔyīn　Phonetics

词重音(2)　Word stress (2)
三个音节以上的多音节词,词重音大多也在最后一个音节上。例如：
In a multisyllabic word the stress usually falls on the last syllable; e.g.

túshūguǎn　　liúxuéshēng　　fēijīchǎng　　huǒchēzhàn
△　　　　　△　　　　　△　　　　　△

五、练习　Liànxí　Exercises

(一)语音　Phonetics

   1. 辨音辨调　Pronunciation and tones

shū	běn	zhǐ	bǐ	dāo
chá	bēi	zhuō	yǐ	bāo
huā	huàr	zì	bào	xìn
xié	wà	yī	mào	biǎo

dānxīn	tánxīn	chítáng	shítáng
tóuděng	tóuténg	dòngcí	tóngshí

   2. 声调搭配　Collocations of tones

Běijīng	měitiān	hǎochī	zǎocān
yǐqián	yǔyán	kěnéng	lǚxíng
fǔdǎo	xǐ zǎo	suǒyǐ	kǒuyǔ
cǎisè	hǎokàn	zěnyàng	wǔfàn
mǔqin	xǐhuan	jiějie	yǎnjing

   3. 多音节连读　Multisyllabic liaison

liúxuéshēng	túshūguǎn	fēijīchǎng
huǒchēzhàn	chūzūchē	dàshǐguǎn
wǎngqiúchǎng	tàijíquán	yùndònghuì
yùndòngyuán	huàzhuāngpǐn	xiǎochīdiàn

(二)认读　Read and learn

买苹果　买馒头　买饺子　买米饭　买包子
多少钱　多少斤　多少人　多少学生　多少老师
还买吗　还要吗　还去吗　还吃吗　还喝吗

　　我买苹果。我问："苹果一斤多少钱?"他说:"一斤五块。"
他问我买几斤。我说买两斤。他问:"你还买别的吗?"我说还
买五斤橘子。他说橘子一斤两块五。一共二十二块五,你给
二十二块吧。

（三）完成会话　Complete the dialogues

A：Nǐ mǎi shénme?

B：_____.

A：Nǐ mǎi duōshao?

B：_____.

A：Hái yào biéde ma?

B：_____._____?

A：Yí gòng _____.

A：_____?

B：Wǒ mǎi júzi. Yì jīn duōshao qián?

A：_____.

B：Wǒ mǎi wǔ jīn. Yí gòng duōshao qián?

A：_____._____?

B：Bú yào. Xièxie!

A：_____.

（四）交际会话　Communication

1. 买东西　Shopping

   A：Nǐ yào shénme?

   B：Wǒ mǎi píngguǒ.

2. 问价格　Asking about prices

   A：Píngguǒ duōshao qián yì jīn?

   B：Yì jīn sān kuài wǔ.

（五）写汉字　Learn to write

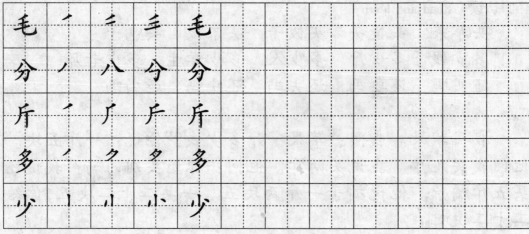

66

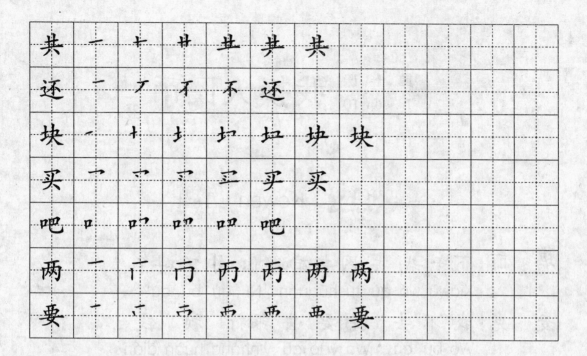

共	一	十	艹	共	共	共				
还	一	丆	不	不	还					
块	一	十	圠	圠	圠	块	块			
买	一	一	一	平	买	买				
吧	口	叩	叩	吧	吧					
两	一	一	雨	雨	雨	两	两			
要	一	一	西	西	西	西	要			

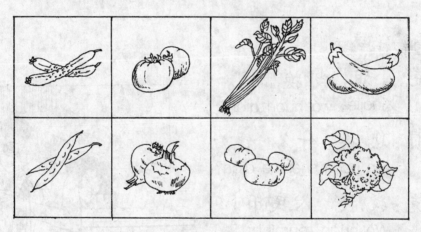

黄瓜
huánggua

西红柿
xīhóngshì

芹菜
qíncài

茄子
qiézi

豆角儿
dòujiǎor

葱头
cōngtóu

土豆
tǔdòu

菜花儿
càihuār

第十课 我换人民币
Lesson 10

一、课文 Kèwén Text

玛　丽：下午我去图书馆。你去不去？
　　　　Xiàwǔ wǒ qù túshūguǎn. Nǐ qù bu qù?

麦　克：我不去。我要去银行换钱。
　　　　Wǒ bú qù. Wǒ yào qù yínháng huàn qián.

（在中国银行换钱）

麦　克：小姐，我换钱。
　　　　Xiǎojiě, wǒ huàn qián.

营业员：您换什么钱？
　　　　Nín huàn shénme qián?

麦　克：我换人民币。
　　　　Wǒ huàn rénmínbì.

营业员：换多少？
　　　　Huàn duōshao?

麦　克：二百美元。
　　　　Èrbǎi měiyuán.

营业员：请等一会儿。……先生，给您钱。
　　　　Qǐng děng yíhuìr. ……Xiānsheng, gěi nín qián.

请　数数。
Qǐng shǔshu.

麦　克：对了。谢谢！
Duì le. Xièxie!

营业员：不客气！
Bú kèqi!

二、生词　Shēngcí　New Words

1. 下午　　　　（名）　　xiàwǔ　　　　afternoon
   上午　　　　（名）　　shàngwǔ　　　morning
2. 图书馆　　　（名）　　túshūguǎn　　library
3. 要　　　　　（能愿）　yào　　　　　want to
4. 小姐　　　　（名）　　xiǎojiě　　　miss
5. 换　　　　　（动）　　huàn　　　　　change, exchange
6. 美元　　　　（名）　　měiyuán　　　US dollar
   港币（元）　　　　　　gǎngbì(yuán)　Hong Kong dollar
   日元　　　　　　　　　rìyuán　　　　Japanese yen
   英镑　　　　　　　　　yīngbàng　　　pound sterling
   马克　　　　　　　　　mǎkè　　　　　Deutschmark
   法郎　　　　　　　　　fǎláng　　　　franc
   欧元　　　　　　　　　ōuyuán　　　　EURO
7. 营业员　　　（名）　　yíngyèyuán　　shop employee
8. 百　　　　　（数）　　bǎi　　　　　hundred
9. 千　　　　　（数）　　qiān　　　　　thousand
10. 万　　　　　（数）　　wàn　　　　　ten thousand
11. 人民币　　　（名）　　rénmínbì　　　*Renminbi（Chinese money）*

69

	人民	（名）	rénmín	people
12.	等	（动）	děng	wait
13.	一会儿	（名、副）	yíhuìr	a little while
14.	先生	（名）	xiānsheng	Mr., sir
15.	数	（动）	shǔ	count
16.	对	（形）	duì	right, correct
17.	了	（助）	le	(a modal particle)
18.	不客气		bú kèqi	You're welcome
	客气	（动、形）	kèqi	polite

三、注释　Zhùshì　Notes

（一）先生、小姐

"先生"是对男性的称呼。"小姐"是对女性的称呼。

"先生"is used to address a man;"小姐"to a young woman.

姓 + 小姐/先生　　　Family name + 小姐/先生

王　　　　　小姐　　　　　　→王小姐

张　　　　　先生　　　　　　→张先生

（二）请等一会儿

意思是：Please wait for a little while/a moment.

四、语音　Yǔyīn　Phonetics

三个三声的读法：一般情况下，前两个三声变二声，第三个读第三声（或半三声）。例如：

When three 3rd tones appear in a row, normally the first two are pronounced as the 2nd tone, the third remains unchanged(or changes into a half-3rd tone), e.g.

我很好。（"我"、"很"读第二声，"好"读第三声。）

五百美元。（"五"、"百"读第二声，"美"读半三声。）

五、练习 Liànxí Exercises

(一) 语音 Yǔyīn Phonetics

1. 辨音辨调 Pronunciation and tones

huàn qián	fàn qián	měiyuán	měi nián
xiānsheng	shān shang	yīngbàng	yínháng
duìhuàn	tuìhuàn	yíbàn	yìbān

2. 多音节连读 Multisyllabic liaison

bàngōngshì diànyǐngyuàn dàshǐguǎn

kāi wánxiào yǒu yìsi méi guānxi

yǒu shíhou qù shāngdiàn mǎi dōngxi

3. "不"的变调 Mudulations of "不"

bù shuō	bù duō	bù néng	bù lái
bù hǎo	bù mǎi	bú jiè	bú xiè

4. 声调搭配 Collocations of tones

diànchē	miànbāo	dàshēng	diàndēng
fùxí	kèwén	liànxí	wèntí
Hànyǔ	wàiyǔ	zhèlǐ	nàlǐ
guì xìng	yùndòng	yànhuì	kàn bìng
piàoliang	yuèliang	xièxie	dàifu

(二) 认读 Read and learn

给你 给我 给他 给你们 给他们 给老师

一百 二百 三百 五百 六百 八百 九百

今天下午 明天下午 星期三下午

A：先生，我要换钱。

B：您换什么钱？

A：我换五万日元的人民币。

B：请等一会儿。……小姐，给您钱。您数数。

A：对了。谢谢！

B：不客气！

（三）完成会话　Complete the dialogues

A：Nín huàn shénme qián?

B：＿＿＿＿＿＿＿＿＿＿＿＿＿＿．

A：Qǐng děng yíhuìr.……Gěi nín qián.

B：＿＿＿＿＿＿＿＿＿＿＿＿＿＿＿！

A：Bú kèqi!

A：＿＿＿＿＿＿＿＿＿＿＿＿＿＿？

B：Bú qù.wǒ qù yínháng.

A：＿＿＿＿＿＿＿＿＿，＿＿＿＿＿＿＿＿＿？

B：Wǒ huàn rénmínbì.

A：＿＿＿＿＿＿＿＿＿，＿＿＿＿＿＿＿＿＿＿．

B：Xièxie!

A：＿＿＿＿＿＿＿＿＿＿＿＿＿＿！

（四）交际会话　Communication

换钱　Changing money

A：Wǒ huàn qián.

B：Nín yào huàn shénme qián?

A：Wǒ huàn rénmínbì.

B：Nín huàn duōshao?

A：Wǒ huàn wǔ bǎi měiyuǎn.

（五）写汉字　Learn to write

72

元	一	二	元	元						
民	一	二	巳	巳	民					
币	一	二	币	币						
先	一	一	牛	生	失	先				
客	一	宀	宀	宓	突	客				
气	一	二	与	气						
图	丨	冂	门	冈	冈	冈	图	图		
银	丿	仁	与	与	钅	钊	钊	钊	银	银
行	丿	彳	彳	彳	行	行				
换	一	十	扌	扩	护	护	换	换	换	

第十一课
Lesson 11　他住哪儿

一、课文　Kèwén　Text

山本：请 问，这 是 办公室 吗？
Qǐng wèn, zhè shì bàngōngshì ma?

职员：是。你 找 谁？
Shì. Nǐ zhǎo shuí?

山本：王 老师 在 吗？
Wáng lǎoshī zài ma?

职员：他 不 在。他 在 家 呢。
Tā bú zài. Tā zài jiā ne.

山本：他 住 哪儿？
Tā zhù nǎr?

职员：他 住 十八 楼 七 门 十二 号。
Tā zhù shíbā lóu qī mén shí'èr hào.

山本：您 知道 他 的 电话 号码 吗？
Nín zhīdào tā de diànhuà hàomǎ ma?

职员：知道，6 2 3 1 0 8 9 4。
Zhīdào, liù èr sān yāo líng bā jiǔ sì.

山本：谢谢 您。
Xièxie nín.

职员：不 客气。
Bú kèqi.

74

二、生词 Shēngcí New Words

1.	问	（动）	wèn	ask
2.	职员	（名）	zhíyuán	office worker
3.	办公室	（名）	bàngōngshì	office
	办公	（动）	bàngōng	work (in an office)
4.	找	（动）	zhǎo	look for
5.	在	（动）	zài	be in
6.	家	（名、量）	jiā	home; (a measure word)
7.	呢	（助）	ne	(a modal particle)
8.	住	（动）	zhù	live
9.	楼	（名）	lóu	building
10.	门	（名）	mén	door, gate
11.	号	（名）	hào	number
12.	知道	（动）	zhīdào	know
13.	电话	（名）	diànhuà	telephone
	电	（名）	diàn	electricity
	话	（名）	huà	word, talk, speech
14.	号码	（名）	hàomǎ	number
15.	零	（数）	líng	zero

专名 Zhuānmíng Proper Noun

山本幸子	Shānběn xìngzǐ	Yoshiko Yamamoto

三、注释 Zhùshì Notes

(一)请问 Excuse me

向别人询问事情时常说"请问，……？"。

When we ask a stranger about something, we usually begin with "请问，……?"

(二)他在家呢。 He is at home.

"呢"用在陈述句尾，表示肯定的语气以确认事实。

"呢" is used at the end of an indicative sentence to express an affirmative tone about a fact.

(三)您 You

是人称代词"你"的敬称：老师，您好。

A term of respect for the pronoun "你", e.g. "老师，您好。"

(四)"0" zero

汉语读"líng"，汉字写作"零"。

In Chinese this is pronounced as "líng", and written as 零.

四、语法 Yǔfǎ Grammar

(一)汉语句子的语序 The word order

汉语没有严格意义上的形态变化，语序是汉语的主要语法手段。

汉语的句子由主语、谓语、宾语、定语、状语、补语等六种成分组成。语序一般是主语在前，谓语在后。宾语是谓语的连带成分。例如：

There are no morphological changes in the strict sense in Chinese ; the word order is the main grammatical constituent of the language. Chinese sentences are made up of six elements: subject, predicate, object, attribute, abverbial and complement. The subject normally precedes the predicate in a sentence, and the object is an element related to the predicate, e.g.

主语	谓语
你	好。
我	去银行。

(二)动词谓语句 The sentence with a verb as its predicate

动词作谓语主要成分的句子叫动词谓语句。

动词谓语句的语序是：主语(S)＋谓语(动词 V)＋宾语(O)

A sentence with a verb as its predicate is one in which the verb is the main element of the predicate.

The grammatical order for this type of sentences is : subject + predicate + object

(1)我学习汉语。

76

(2)她吃米饭。

(3)我不去图书馆。

(三)号码的读法　Enumeration

　　号码中的数字为基数词的读法,不管有多少位数字,都要一个一个地读出数字。例如:电话号、门牌号、护照号、汽车号等。

　　In reading a cardinal number, no matter how many digits there are, they are read out one by one. For example, telephone numbers, house numbers, passport numbers, car numbers, etc.

	6	2	3	1	0	8	9	4
读:	liù	èr	sān	yāo	líng	bā	jiǔ	sì

	18 楼	4 门	8 号
读:	shíbālóu	sìmén	bāhào

1. 号码中的"一"常常读作"yāo"。例如:

　　"一" in a number is often read as "yāo", e.g.

　　181 号儿　　　读作 yāo bā yāo hàor

2. 号码中"二"要读作"èr",不能读成"liǎng"。例如:

　　"二" is pronounced as "èr". It cannot be pronounced as "liǎng", e.g.

　　212 号　　　读作　èr yāo èr hào

3. 相同的数字要分别读出。例如:

　　Identical numbers are read out one by one, e.g.

66004112 号

读作：liù liù líng líng sì yāo yāo èr hào

询问号码要说：“几号？”或者“……号码儿是多少？”例如：

When inquiring about numbers, we say "几号？" or "……号码是多少？" e.g.

Nǐ zhù jǐ hàor?

Nǐ de diànhuà hàomǎr shì duōshao?

五、练习　Liànxí　Exercises

（一）语音　Phonetics

1. 辨音辨调　Pronunciation and tones

dú shū	túshū	jiè shū	xiě shū
qiāo mén	jiào rén	bù kě	bǔ kè
kèqi	kěqì	búguò	bǔ guò

2. 儿化韵　The retroflex syllables

| yìdiǎnr | yíxiàr | chàdiǎnr | yǒudiǎnr |
| zhù nǎr | zhù zhèr | pángbiānr | hǎo diǎnr |

3. 多音节连读　Multisyllabic liaison

jì shēngcí	xiě Hànzì	dú kèwén
tīng lùyīn	tīng yīnyuè	zuò liànxí
qù shāngdiàn	mǎi dōngxi	kàn diànyǐng
kàn diànshì	dǎ wǎngqiú	tī zúqiú

| shān qīng shuǐ xiù | fēngjǐng měilì |
| bǎohù huánjìng | fāzhǎn jīngjì |

| liǎojiě Zhōngguó | xuéxí Hànyǔ |
| jiāqiáng tuánjié | zēngjìn yǒuyì |

4. 声调搭配　Collocations of tones

xiānsheng	gūniang	gānjing	qīngchu
shénme	shíhou	liángkuai	míngzi
nǐmen	wǒmen	zǎoshang	wǎnshang
zhège	dìfang	zhème	piàoliang

(二) 认读　Read and learn

找老师　找人　找同学　找朋友　找本子　找书

在家　　在学校　在教室　在食堂　在宿舍　在办公室

我知道　你知道　他知道　都知道　不知道　知道吗

(三) 回答问题　Answer the questions

1. Nǐ shì liúxuéshēng ma?

2. Nǐ xuéxí shénme?

3. Nǐ zhù nǎr?

4. Nǐ zhù duōshao hào?

5. Nǐ de diànhuà hàomǎr shì duōshao?

(四) 交际会话　Communication

1. 找人　Looking for someone

　A：Qǐngwèn, Wáng lǎoshī zài ma?

　B：Tā bú zài. Tā zài jiā ne.

2. 问住址　Asking an address

　A：Tā zhù nǎr?

　B：Tā zhù èr mén shí hào.

3. 问电话　Inquiring about atelephone number

　A：Nǐ de diànhuà hàomǎ shì duōshao?

　B：62326688。

(五) 写汉字　Learn to write

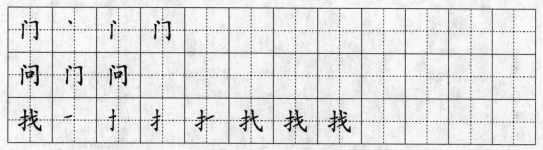

门	丶	冂	门							
问	门	问								
找	一	扌	扌	扌	找	找				

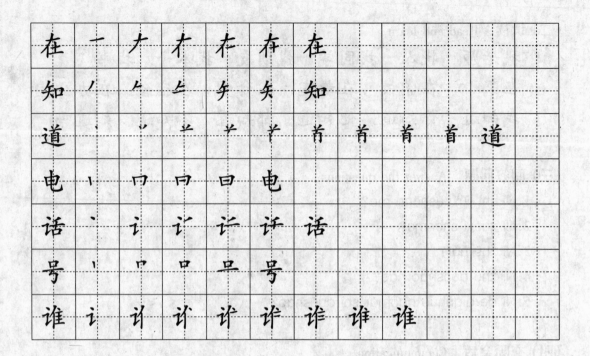

在	一	ナ	ナ	右	在				
知	ノ	㇗	㇗	矢	知				
道	丶	㇜	丷	丷	丷	首	首	首	道
电	丶	口	甲	电	电				
话	丶	讠	讠	讠	讠	话			
号	丶	뮤	뮤	号	号				
谁	讠	讠	讠	讠	讠	谁	谁		

常用电话号码　　Useful telephone numbers

查号台:114　　　　匪警电话:110　　　　天气预报:121
Directory Inquiries　Police　　　　　　Weather

火警电话:119　　　急救电话:120
Fire Station　　　First-aid

第十二课 您身体好吗
Lesson 12

复习二　　Review (2)

一、课文　Kèwén　Texts

(一)您身体好吗

田　芳：老师，您 好！
　　　　Lǎoshī, nín hǎo!

白老师：你 好！好久 不 见 了。
　　　　Nǐ hǎo! Hǎojiǔ bú jiàn le.

田　芳：您 身体 好 吗？
　　　　Nín shēntǐ hǎo ma?

白老师：很 好。你 爸爸 妈妈 好 吗？
　　　　Hěn hǎo. Nǐ bàba māma hǎo ma?

田　芳：他们 都 很 好。
　　　　Tāmen dōu hěn hǎo.

(二)我买铅笔

售货员：你 买 什么 东西？
　　　　Nǐ mǎi shénme dōngxi?

玛　丽：我 买 铅笔。
　　　　Wǒ mǎi qiānbǐ.

售货员：你 要 几 枝？
　　　Nǐ yào jǐ zhī?

玛 丽：要 两 枝。
　　　Yào liǎng zhī.

售货员：还 要 什么？
　　　Hái yào shénme?

玛 丽：再 来 三 个 本子、十 个 信封。
　　　Zài lái sān ge běnzi、 shí ge xìnfēng.

二、生词　Shēngcí　New Words

1.	好久	（名）	hǎojiǔ	for a long time
2.	身体	（名）	shēntǐ	health
3.	他们	（代）	tāmen	they, them
4.	都	（副）	dōu	all
5.	东西	（名）	dōngxi	thing
6.	铅笔	（名）	qiānbǐ	pencil
7.	售货员	（名）	shòuhuòyuán	shop assistant
8.	枝	（量）	zhī	(a quantifier for pen, pencil, etc.)
9.	再	（副）	zài	again
10.	来	（动）	lái	come, buy, do
11.	本子	（名）	běnzi	notebook
12.	信封	（名）	xìnfēng	envelope

专名　Zhuānmíng　Proper Nouns

田芳	Tián Fāng	Tian Fang, name of a person
白	Bái	Bai, a surname

三、注释 Zhùshì Notes

好久不见了。Prototype for the English "Long time no see."

熟人、朋友再次见面时的招呼语,不能用于第一次见面。

An expression used to greet an acquaintance or friend after a long separation. It cannot, understandably, be used to strangers.

四、练习 Liànxí Exercises

(一) 语音 Phonetics

1. 辨音辨调 Pronunciation and tones

fǎnwèn	fǎngwèn	shēntǐ	shēngqì
dànshì	dāngshí	jīnnián	jīngyàn
rénmín	rénmíng	kāihuā	kāifā

2. "一"的变调 Modulations of "一"

yìzhī	yìpiān	yìnián	yìtuán
yìqǐ	yìwǎn	yígòng	yípiàn

3. 轻声 The neutral tone

bízi	sǎngzi	dùzi	kùzi
qúnzi	bèizi	lèi ma	lèi le
è ma	è le	kě ma	kě le
lěng le	dǒng le	xiǎo le	shǎo le

4. 三声变调 Modulations of the 3rd tone

qǐng hē	nǐ tīng	kěnéng	hěn téng
hǎo lěng	hǎodǒng	měihǎo	shǒubiǎo
hěn dà	kěpà	hěn màn	hǎohàn

5. 多音节连读 Multisyllabic liaison

Zhōngwén ruǎnjiàn	Hàn-Yīng cídiǎn
xuéshēng shítáng	xīnhuá shūdiàn
gǎigé kāifàng	fánróng fùqiáng
rénmín xìngfú	měihǎo lǐxiǎng

（二）**看图说话** Describe the picture

A：这是什么？

B：这是……。

（三）**朗读** Read out the dialogue

售货员：你买什么？

玛　丽：我买本子。

售货员：你要几个？

玛　丽：要三个。

售货员：还要别的吗？

玛　丽：再来十个信封、两枝铅笔。

（四）**回答问题** Answer the questions

1. Nǐ jiào shénme míngzi?

2. Nǐ shì nǎ guó rén?

3. Nǐ shì xuésheng ma?

4. Nǐ zài nǎr xuéxí?

5. Nǐ xuéxí shénme?

6. Hànyǔ nán ma?

7. Nǐ zhù nǎr?

8. Nǐ de diànhuà hàomǎr shì duōshao?

（五）完成会话　Complete the dialogues

    A：_____？

    B：我买香蕉。

    A：_____？

    B：一斤四块五。

    A：_____？

    B：我买三斤。

    A：_____？

    B：橘子一斤五块。

    A：_____？

    B：我买二斤橘子。

    A：_____？

    B：一共二十二块。

（六）交际会话　Communication

1. 买东西　Shopping

    A：你买什么？

    B：我买<u>一瓶啤酒</u>。

一瓶牛奶	yì píng niúnǎi
一个面包	yí ge miànbāo
一个馒头	yí ge mántou
一个包子	yí ge bāozi
一张晚报	yì zhāng wǎnbào
一枝铅笔	yì zhī qiānbǐ
三个本子	sān ge běnzi
四节电池	sì jié diànchí
两个胶卷	liǎng ge jiāojuǎnr
一张纸	yì zhāng zhǐ
一块蛋糕	yí kuài dàngāo

2. 问价钱　Asking prices

A：苹果多少钱<u>一斤</u>？

B：<u>五块</u>。

香蕉	一斤	五块五
可乐	一瓶	六块六
馒头	一个	五毛
晚报	一张	五毛
电池	一节	四块
胶卷	一个	二十八块

(七)写汉字 Learn to write

久	ノ	夕	久						
身	′	⺅	白	白	身	身	身		
本	一	十	才	木	本				
体	⺅	体							
封	一	士	土	圭	圭	封	封		
都	一	十	土	耂	者	者	者	都	都
苹	一	十	艹	艹	苹	苹	苹	苹	
果	丶	日	曰	旦	果	果	果		
角	′	⺈	产	角	角	角	角		
园	｜	冂	冂	用	用	园	园		
啤	口	口′	叩	咱	咱	啤	啤	啤	
酒	丶	冫	氵	汀	汀	沔	洒	酒	酒

86

第十三课 我们都是留学生
Lesson 13

一、课文 Kèwén Texts

(一)我们都是留学生

A: 你 是 留学生 吗?
　　Nǐ shì liúxuéshēng ma?

B: 是。
　　Shì.

A: 她 也 是 留学生 吗?
　　Tā yě shì liúxuéshēng ma?

B: 她 也 是 留学生。 我们 都 是 留学生。
　　Tā yě shì liúxuéshēng. Wǒmen dōu shì liúxuéshēng.

A: 田 芳 和 张 东 也 都 是 留学生 吗?
　　Tián Fāng hé Zhāng Dōng yě dōu shì liúxuéshēng ma?

B: 不。他们 俩 不 是 留学生。 他们 都 是 中国
　　Bù. Tāmen liǎ bú shì liúxuéshēng. Tāmen dōu shì Zhōngguó
　　学生。
　　xuésheng.

(二)你也是中国人吗

A: 他 是 中国 人 吗?
　　Tā shì Zhōngguó rén ma?

B：是。
Shì.

A：你也是中国 人吗？
Nǐ yě shì Zhōngguó rén ma?

B：不是。我是泰国人。
Bú shì. Wǒ shì Tàiguó rén.

A：对不起。
Duì bu qǐ.

B：没关系。
Méi guānxi.

（三）这位是白教授

（秘书给校长介绍白教授……）

秘书：我先介绍一下儿，这位是白教授。这
Wǒ xiān jièshào yíxiàr, zhè wèi shì Bái jiàoshòu. Zhè

是我们马校长。
shì wǒmen Mǎ xiàozhǎng.

校长：欢迎你，白教授。
Huānyíng nǐ, Bái jiàoshòu.

教授：谢谢！
Xièxie!

二、生词　Shēngcí　New Words

1. 留学生　　　（名）　　liúxuéshēng　　overseas student
2. 也　　　　　（副）　　yě　　also, too
3. 对不起　　　　　　　　duì bu qǐ　　I am sorry, sorry

88

4. 没关系		méi guānxi	It's nothing
5. 和	(连)	hé	and
6. 我们	(代)	wǒmen	we, us
他们	(代)	tāmen	they, them (male)
她们	(代)	tāmen	they, them (female)
7. 俩	(数)	liǎ	two
8. 学生	(名)	xuésheng	student
9. 秘书	(名)	mìshū	secretary
10. 给	(介)	gěi	for, to
11 介绍	(动)	jièshào	introduce
12. 先	(副)	xiān	first
13. 一下儿		yíxiàr	once, all at once (a verbal measure word)
14. 位	(量)	wèi	(a quantifier for a person)
15. 教授	(名)	jiàoshòu	professor
16. 校长	(名)	xiàozhǎng	president, principal

专名　Zhuānmíng　Proper Nouns

1. 意大利	Yìdàlì	Italy
2. 加拿大	Jiānádà	Canada
3. 泰国	Tàiguó	Thailand
4. 爱德华	Àidéhuá	Edward
5. 罗兰	Luólán	Roland
6. 马	Mǎ	Ma, a surname

补充生词　Bǔchōng shēngcí　Supplementary New Words

1. 大夫	(名)	dàifu	doctor

2. 护士	（名）	hùshi	nurse
3. 经理	（名）	jīnglǐ	manager
4. 律师	（名）	lùshī	lawyer
5. 演员	（名）	yǎnyuán	actor, actress, attendant
6. 司机	（名）	sījī	driver
7. 服务员	（名）	fúwùyuán	waiter, waitress
8. 记者	（名）	jìzhě	reporter
9. 警察	（名）	jǐngchá	police, policeman
10. 工程师	（名）	gōngchéngshī	engineer

三、注释 Zhùshì Notes

我先介绍一下儿 First please allow me to introduce...

四、语法 Yǔfǎ Grammar

(一)怎么问(1)：……吗？ Interrogation(1)：Yes/No questions with"……吗？"

在陈述句句尾加上表示疑问的语气助词"吗"，构成汉语的是非问句。

A yes/no question is formed by adding the inquisitive modal particle"吗"to the end of an indicative sentence.

A:你是中国人吗？

B:是。（我是中国人。）

A:你是老师吗？

B:不是。我是学生。

A:他们都是留学生吗？

B:他们都是留学生。

(二)状语 Adverbials

动词和形容词前面的修饰成分叫状语。副词、形容词等都可以作状语。

The modifying elements before verbs and adjectives are called adverbials. Adverbs, adjectives, etc. can function as adverbials. e.g.

(1)爸爸妈妈都很好。

(2)汉字很难。

(3)语法不太难。

(三)副词"也"和"都" The adverbs "也"(also)and "都"(all,both)

副词"也"和"都"放在动词或形容词前边,在句中作状语。

The adverbs 也 and 都 are placed before verbs and adjectives and function as adverbials.

(1)(麦克是留学生,)山本也是留学生。

　　(田芳不是留学生,)张东也不是留学生。

　　不能说:*也山本是留学生。

(2)(麦克是留学生,山本也是留学生,)麦克和山本都是留学生。

　　不能说:*都麦克和山本是留学生。

五、语音 Yǔyīn Phonetics

(一)句重音(1) Sentence stress(1)

一个句子,总有一个成分在说话人看来是比较重要的,因而说得要重一些。这个重读的成分就是句重音。本书在重音下用"△"标出。

91

In a sentence there is always an element that is more important than others to the speaker and therefore is stressed. This stressed element is the sentence stress. In this book it is indicated by "△" placed below the stressed part.

1. 简单的主谓句,谓语要重读

In a simple subject-predicate sentence, the predicate is stressed.

我吃。
  △

爸爸很忙。
    △ △

如果主语是代词,代词要重读。

If the subject is a pronoun, it is stressed.

谁去?
△

哪儿是邮局?
△

2. 有宾语的句子,宾语要重读。

If the sentence has an object, the object is stressed.

我学习汉语
   △ △

他买苹果
  △ △

3. 有定语、状语的句子,一般定语、状语要重读。

Normally the attributes and adverbials are stressed.

我是中国人。
  △ △

他也是留学生。
   △

数词"一"和量词组成的定语一般不重读。

The numeral "一" and attributive quantifiers are not stressed.

我吃一个馒头。
    △

(二)语调 Intonation（1）

汉语语调有两种:升调和降调。语调升降主要表现在最后一个重读音节上。其后的非重读音节或轻声音节也随之升高或降低。汉语语调是在保持重读音节原来声调的基础上的升高或降低。一般来说,疑问句读升调,陈述句读降调。

There are two intonations in Chinese : the rise and the fall. The intonations are shown in the last stressed syllable. The other unstressed or neutralised syllables after it will rise or fall with the stressed syllable. The rise and fall of the Chinese intonations are relative and are based on the original tones of the words. Normally, the rise is used in interrogative sentences, while the fall is used for indicative sentences.

你是留学生吗? ↑

我是留学生。 ↓

六、练习　Liànxí　Exercises

(一)语音　Phonetics

1. 辨音辨调　Pronunciation and tones

tāmen	dàmén	jiàoshòu	jiāo shū
dàifu	tàidu	hùshi	hūshì
jīnglǐ	jīnglì	lǜshī	lìshǐ

2. 多音节连读　Multisyllabic liaison

fúwùyuán　　　shòupiàoyuán

shòuhuòyuán　　lièchēyuán

3. 朗读　Read out the following phrases

是学生　是留学生　是老师　是美国人　是朋友　是同学

不是　不去　不好　不难　也是　也去　也买　也要

都是　都去　都要　先去　先介绍　先买

(二)替换　Substitution

1. A:你是<u>留学生</u>吗?

　 B:是。(我是留学生。)

老师	校长	教授
大夫	护士	律师

2. A：她也是<u>留学生</u>吗？
   B：她也是<u>留学生</u>。我
      们都是<u>留学生</u>。

老师	学生
教授	经理

3. A：她是<u>老师</u>吗？
   B：不是。
      （他不是<u>老师</u>。）

教授	校长	经理
记者	工程师	

4. A：你也是<u>中国</u>人吗？
   B：不是。
      （我不是<u>中国</u>人。）

美国	法国	韩国
德国	日本	意大利

（三）回答问题　Answer the questions
　　例：A：你是中国人吗？
　　　　B：我是（不是）中国人。

　　1. 你是美国人吗？
　　2. 你是老师吗？
　　3. 田芳是留学生吗？
　　4. 你学习英语吗？
　　5. 你们的老师是王老师吗？

（四）完成会话　Complete the dialogues
　　例：A：你是老师吗？
　　　　B：是。
　　　　A：他也是老师吗？
　　　　B：他也是老师。

94

1. A：他是教授吗？
   B：＿＿＿。
   A：＿＿＿＿＿？
   B：她也是教授。

2. A：麦克是留学生吗？
   B：＿＿＿。
   A：＿＿＿＿＿？
   B：玛丽也是留学生。

3. A：田芳是中国学生
      吗？
   B：＿＿＿。
   A：＿＿＿＿？
   B：张东也是中国学生。

4. A：你爸爸是大夫吗？
   B：＿＿＿。
   A：＿＿＿＿＿？
   B：我妈妈也是大夫。

5. A：她们是老师吗？
   B：＿＿＿＿＿。
   A：＿＿＿＿＿？
   B：我们也是老师。

（五）用"都"改写句子　Rewrite the sentences with"都"

例：他是留学生，我也是留学生。→我们都是留学生。

1. 麦克是留学生，玛丽也是留学生。
2. 张东是中国人，田芳也是中国人。
3. 你是老师，他也是老师。
4. 爸爸是大夫，妈妈也是大夫。
5. 他是教授，她也是教授。

（六）组句　Construct sentences

例：留学生　他们　是　都→他们都是留学生。

1. 是　我　不　意大利　人
2. 吗　老师　是　你　也

95

3. 是　校长　他　吗

4. 也　学生　她　是　中国

5. 都　不　我们　留学生　是

(七)阅读　Reading

你们好！我叫爱德华。我是加拿大人，我是留学生。她叫玛丽，她不是加拿大人，她是英国人。她也是留学生。我们都是留学生。

他是张东，她叫田芳，张东和田芳不是留学生，他们都是中国学生。我们是好朋友。

(八)交际会话　Communication

介绍　Introducing people

A：我给你介绍一下儿，这是王先生，这是马小姐。

B：你好！

C：你好！

A：我先介绍一下儿，这位是白经理，这位是谢律师。

B：你好！白经理。

C：欢迎！欢迎！

(九)写汉字　Learn to write

留	′	⺈	⺈	卬	卯	卯	畄	畄	留	留	
生	ノ	𠂉	𠂉	牛	生						
位	ノ	亻	亻	亻	亻	位	位				
俩	亻	亻	亻	俩	俩	俩					

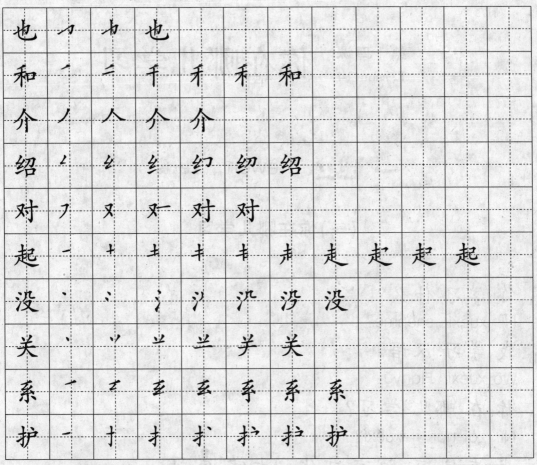

也	乜	也	也						
和	一	二	千	禾	禾	和			
介	丿	人	个	介					
绍	乡	乡	纟	纟	绍	绍			
对	一	又	对	对	对				
起	一	十	十	卡	走	走	起	起	起	起
没	丶	氵	氵	沙	没	没			
关	丶	丷	关	关	关	关			
系	一	彡	玉	玉	亥	系	系		
护	一	扌	扌	扩	护	护			

没关系　对不起

第十四课
Lesson 14　　你在哪儿学习

一、课文　Kèwén　Texts

(一)你在哪儿学习

A: 你 学习 什么？
　　Nǐ xuéxí shénme?

B: 我 学习 汉语。
　　Wǒ xuéxí Hànyǔ.

A: 你 在 哪儿 学习？
　　Nǐ zài nǎr xuéxí?

B: 我 在 北京 语言 文化 大学 学习。
　　Wǒ zài Běijīng Yǔyán Wénhuà Dàxué xuéxí.

A: 你 觉得 汉语 难 吗？
　　Nǐ juéde Hànyǔ nán ma?

B: 我 觉得 听、说 比较 容易，读、写 很 难。
　　Wǒ juéde tīng、shuō bǐjiào róngyì, dú、xiě hěn nán.

(二)你们的老师是谁

A: 我 给 你 介绍 一下儿，这 是 我 的 同屋。
　　Wǒ gěi nǐ jièshào yíxiàr, zhè shì wǒ de tóngwū.

他 是 新 同学。
Tā shì xīn tóngxué.

98

B: 你 在 哪 个 班 学习？
Nǐ zài nǎ ge bān xuéxí?

C: 我 在 1 2 0 3 班 学习。
Wǒ zài yāo èr líng sān bān xuéxí.

B: 你们 的 老师 是 谁？
Nǐmen de lǎoshī shì shuí?

C: 我们 的 老师 是 林 老师。
Wǒmen de lǎoshī shì Lín lǎoshī.

二、生词 Shēngcí New Words

1.	语言	(名)	yǔyán	language
2.	文化	(名)	wénhuà	culture
3.	大学	(名)	dàxué	university
4.	觉得	(动)	juéde	feel, think
5.	语法	(名)	yǔfǎ	grammar
6.	新	(形)	xīn	new
7.	同学	(名)	tóngxué	classmate, schoolmate
8.	同屋	(名)	tóngwū	roommate
9.	在	(介)	zài	at, in or on (a place)
10.	班	(名)	bān	class
11.	听	(动)	tīng	listen
12.	说	(动)	shuō	say, speak
13.	比较	(副)	bǐjiào	comparatively
14.	容易	(形)	róngyì	easy
15.	读	(动)	dú	read
16.	写	(动)	xiě	write

专名　Zhuānmíng　Proper Nouns

1.	北京语言文化大学	Běijīng Yǔyán Wénhuà Dàxué	Beijing Language and Culture University
2.	林	Lín	Lin, a surname

补充生词　Bǔchōng shēngcí　Supplementary New Words

1.	文学	（名）	wénxué	literature
2.	历史	（名）	lìshǐ	history
3.	法律	（名）	fǎlǜ	law
4.	经济	（名）	jīngjì	economics
5.	外语	（名）	wàiyǔ	foreign language
6.	认识	（动）	rènshi	know
7.	旧	（形）	jiù	old (as opp. to new)
8.	老	（形）	lǎo	old, aged

三、语法　Yǔfǎ　Grammar

（一）怎么问（2）：疑问代词　Interrogation(2)：Questions with interrogative pronouns

用疑问代词"谁"、"什么"、"哪"、"哪儿"（哪里）、"怎么"、"怎么样"、"几"、"多少"等来询问某一具体事物或数量。

Questions with interrogative pronouns, sometimes called wh-questions, refer to questions with "who", "what", "where", "how", "how many", etc. This type of sentences is used to ask for some specific information.

你是哪国人？　　　　我是加拿大人。

你住哪儿？　　　　　我住十楼。

她是谁？　　　　　　她是玛丽。

谁是你们的老师？　　王老师是我们的老师。

你学习什么？　　　　我学习汉语。

注意：除了用"陈述句＋吗"提问的疑问句外，别的问句句尾不能再加"吗"。

100

不说:*你是哪国人吗?

Note: Interrogative sentences cannot take "吗" at the end except those formed with "Indicative sentences + 吗". For example, it is wrong to say "你是哪国人吗?"

(二)定语和结构助词"的"　The attribute and the structural particle"的"

名词或名词性词组的修饰语叫定语。定语的作用是修饰和限定。定语在词组中放在名词前边,在句子中要放在句子主语或宾语前边。例如:

The modifiers of nouns and nominal phrases are called attributes. The function of an attribute is to modify and define. In a phrase the attribute is placed in front of the noun; in a sentence before the subject or the object. e.g.

他们的老师　　我的朋友

玛丽的同学　新同学

(1)A:谁是你的老师?

　　B:我的老师是王老师。

(2)她是玛丽的同学。

(3)这是图书馆的书。

结构助词"的"要放在定语后边,是定语的形式标志。

The structural particle"的"is placed immediately after an attribute. It is the formal indicator of an attribute.

1. 名词或代词作定语,表示限定和修饰所有、所属关系时,要加"的"。例如:

When a noun or pronoun is used as an attribute to define or to show possession and subordination, the particle "的" is added, e.g.

我的书　他的词典　老师的本子

图书馆的书　我们的老师

2. 形容词词组作定语时,定语前要加"的"。例如:

When an adjectival phrase is used as an attribute, the particle "的" is added.

很好的同学　　很旧的词典

3. 有时候,定语与中心语之间不用结构助词"的"。例如:

Sometimes the structural particle "的" is not added between the attribute and the centre-word, e.g.

101

男同学　女同学　中文书　世界地图

(三)介词"在"和"给"　The preposition"在" and "给"

介词"在"加上处所词放在谓语动词前面,表示动作行为发生的地点。例如:

The preposition "在" together with a location word, when placed before the predicate verb, tells the place where an act occurred, e.g.

(1)我在北京语言文化大学学习。

(2)他在十楼住。

介词"给"表示行为的对象或受益者。例如:

The preposition "给" indicates the receirer or benificiary of an action, e.g.

(1)我给你介绍一下儿,这是我的同屋。

(2)她给妈妈打电话。

四、语音　Yǔyīn　Phonetics

(一)句重音(2)　Sentence stress(2)

1. 定语一般要重读,而结构助词"的"永远要轻读。例如:

Attributes are usually stressed while the structural particle is never stressed, e.g.

王老师是我们的老师。
　　　　　　△

那是我的英语书。
　　△

2.介宾词组作状语,动词后又有宾语时,介词的宾语和动词的宾语都要重读,介词轻读。例如:

When a preposition-object phrase functions as an attribute, and the verb takes an object, both objects are stressed. Look at the examples.

我在语言文化大学学习汉语。
　△　△　△△△　　△△

我给你们介绍一个朋友。
　△　　　　△

(二)语调(2)　　Intonation (2)

特指问句,句调较高,疑问代词重读,句尾读降调。例如:

The pitch for wh-questions is relatively high, the interrogative pronouns are stressed, and the falling tone is used at the end of the sentence.

你学习什么?↓
　△　△

我学习汉语↓
　△　△

五、练习　Liànxí　Exercises

(一)语音　Phonetics

1.辨音辨调　Pronunciation and tones

bǐjiào	píxié	tóngxué	dōngxi
juéde	quēdiǎn	yǔyán	yùyán
bàngōnglóu	jiàoxuélóu	gōngyùlóu	sùshèlóu

2.朗读　Read out the following phrases

什么名字　　什么老师　　吃什么　　　喝什么
谁的书　　　我的书　　　学生的书　　老师的书

谁的老师　　　他的老师　　　我的老师　　　玛丽的老师
谁的词典　　　我的词典　　　麦克的词典　　同学的词典
谁的中文报　　我的报　　　　老师的报　　　山本的报
学习什么　　　学习语言　　　学习汉语　　　学习英语
在学校　　　　在北京　　　　在文化大学　　在北京大学

男同学　　　女同学　　　男朋友　　　女朋友　　　男老师
女老师　　　中文书　　　中文报　　　英文书　　　英文报
汉语词典　　英语词典　　中国地图　　世界地图
新同学　　　老同学　　　新词典　　　旧词典
很多人　　　很多同学　　很多老师　　很多书　　　很多钱
我妈妈　　　他哥哥　　　你弟弟　　　我们学校

(二)替换　Substitution

1. A：你学习什么？
   B：我学习<u>汉语</u>。

   | 英语 | 法语 | 文学 |
   | 法律 | 历史 | 经济 |

2. A：<u>你们</u>的老师是谁？
   B：<u>我们</u>的老师是王老师。

   | 她 | 爱德华 | 麦克 |
   | 罗兰 | 山本 | |

3. A：谁是<u>你</u>的老师？
   B：王老师是<u>我们</u>老师。

   | 他 | 她 | 你们 |
   | 她们 | 我们 | |

4. A：<u>你</u>在哪儿学习？
   B：<u>我</u>也在北京语言文化大学学习。

   | 你们 | 他 | 他们 |
   | 玛丽 | 麦克 | |

(三)选词填空 Choose the right words to fill in the blanks

比较 班 谁 听 觉得 介绍 新 大学 说

1. 我们在这个_____学习汉语。
2. 我_____汉语的发音_____难。
3. 我_____,你们_____。
4. 你是哪个_____的学生?
5. _____是你们的老师?
6. 你_____汉语的语法难吗?
7. 我给你_____一下儿,这是我们班的_____同学。

(四)在适当的位置加上"的" Supply"的"in the proper places
1. 这是谁汉语书?
2. 这是我妈妈书。
3. 你是哪个大学学生?
4. 他是一个很好人。
5. 玛丽老师是王老师。
6. 这是我爸爸汉语词典。

(五)根据划线部分用疑问代词提问 Use interrogative pronouns to ask questions about the underlined parts
例:我叫玛丽。
你叫什么名字?

1. 王老师是我的老师。
2. 他的老师是林老师。
3. 我是加拿大人。
4. 我们学习汉语。
5. 我在北京大学学习。
6. 我住十楼。

105

（六）组句　Construct sentences

例：老师　我们　是　王老师　的

→我们的老师是王老师。／王老师是我们的老师。

1. 都　汉语　留学生　学习
2. 你　美国　吗　是　人
3. 什么　他　名字　叫
4. 是　国　爱德华　哪　留学生
5. 你　住　也　十楼　吗
6. 是　你们　谁　老师　的

（七）完成会话　Complete the dialogues

A：＿＿＿＿＿＿＿＿？

B：我叫张东。

A：＿＿＿＿＿＿＿＿？

B：我是中国学生。

A：＿＿＿＿＿＿＿＿？

B：我学习英语。

A：＿＿＿＿＿＿＿＿？

B：她是田芳。

A：＿＿＿＿＿＿＿＿？

B：她住五楼。

A：＿＿＿＿＿＿＿＿？

B：白老师是我们的老师。

（八）交际会话　Communication

1. 打招呼　Greetings

A：你去哪儿？

B：我去邮局。你呢？

A：我回学校。

2. 问地址　Inquiring about address

    A：你住哪儿？

    B：我住十八楼。

3. 问电话　Inquiring about a telephone number

    A：她的电话是多少？

    B：对不起，我不知道。

(九)阅读　Reading

    我叫麦克，是美国留学生。她叫玛丽，也是留学生。她是我的同班同学。我们都在北京语言文化大学学习汉语。我们的老师是王老师。他是很好的老师。

    她叫田芳，他叫张东，田芳和张东不是留学生，他们是中国学生，他们都学习英语。我们都是北京语言文化大学的学生。认识他们我很高兴。我们是同学，也是好朋友。

(十)写汉字　Learn to write

言	丶	二	言	言				
化	丿	亻	化	化				
法	丶	冫	氵	法	法	法		
同	丨	冂	同	同				
比	一	比	比	比				
北	丨	十	北	北	北			
京	亠	古	京					

听	口	叮	听	听	听					
说	讠	讠	讶	诮	说					
读	讠	计	读	读	读	读				
写	丶	冖	宀	写	写					
给	𠃋	纟	纟	纺	纷	给				
班	一	二	干	王	珏	玑	班			

这个箱子很重

一、课文 Kèwén Texts

(一)这个箱子很重

(在机场)

A:你 有 几 个 箱子?
　Nǐ yǒu jǐ ge xiāngzi?

B:两 个。
　Liǎng ge.

A:你 的 箱子 重 不重?
　Nǐ de xiāngzi zhòng bu zhòng?

B:这 个 箱子 很 重, 那 个 不 太 重。 你 的 呢?
　Zhè ge xiāngzi hěn zhòng, nà ge bú tài zhòng. Nǐ de ne?

A:在 那儿。我 的 都 很 轻。
　Zài nàr. Wǒ de dōu hěn qīng.

B:你 的 箱子 很 新,我 的 很 旧。
　Nǐ de xiāngzi hěn xīn, wǒ de hěn jiù.

A:那 个 新 的 不 是 我 的,是 朋友 的。
　Nà ge xīn de bú shì wǒ de, shì péngyou de.

(二)这是不是中药

(在海关)

A:先生, 这 些 黑 的 是 什么 东西?
　Xiānsheng, zhè xiē hēi de shì shénme dōngxi?

B: 这 是 一些 药。
Zhè shì yìxiē yào.

A: 什么 药?
Shénme yào?

B: 中 药。
Zhōng yào.

A: 这 是 不 是 药?
Zhè shì bu shì yào?

B: 这 不 是 药，这 是 酒。
Zhè bú shì yào, zhè shì jiǔ.

A: 那 个 箱子 里 是
Nà ge xiāngzi lǐ shì

什么?
shénme?

B: 都 是 日用品。有 两 件 衣服、一把 伞 和
Dōu shì rìyòngpǐn. Yǒu liǎng jiàn yīfu、 yì bǎ sǎn hé

一瓶 香水， 还有 一本 书、两 盒 磁带。
yì píng xiāngshuǐr, hái yǒu yì běn shū、liǎng hé cídài.

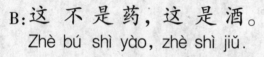

二、生词 Shēngcí New Words

1. 有	(动)	yǒu	have, there be
2. 箱子	(名)	xiāngzi	box, case, trunk
3. 重	(形)	zhòng	heavy
4. 轻	(形)	qīng	light
5. 旧	(形)	jiù	old, used
6. 黑	(形)	hēi	black
7. 药	(名)	yào	medicine

8.	中药	（名）	zhōngyào	Chinese medicine
	西药	（名）	xīyào	Western medicine
9.	词典	（名）	cídiǎn	dictionary
10.	酒	（名）	jiǔ	wine
11.	里	（名）	lǐ	in, inside
12.	日用品	（名）	rìyòngpǐn	daily necessities
13.	件	（量）	jiàn	article(a quantifier)
14.	衣服	（名）	yīfu	clothes
15.	把	（量）	bǎ	(a quantifier for tools, umbrellas, etc.)
16.	伞	（名）	sǎn	umbrella
17.	瓶	（量）	píng	bottle(a measure word)
18.	香水	（名）	xiāngshuǐr	perfume
19.	本	（量）	běn	copy (a measure word)
20.	盒	（量）	hé	box (a measure word)
21.	磁带	（名）	cídài	tape

补充生词　Bǔchōng shēngcí　Supplementary New Words

1.	包	（名）	bāo	bag
2.	毛衣	（名）	máoyī	woolen sweater
3.	圆珠笔	（名）	yuánzhūbǐ	ball-pen
4.	报纸	（名）	bàozhǐ	newspaper
5.	地图	（名）	dìtú	map
6.	红	（形）	hóng	red
7.	黄	（形）	huáng	yellow

三、注释 Zhùshì Note

这是一些药。

量词"些"表示不定的数量,常用在"一"、"哪"、"这"、"那"等词后边。例如:

The quantifier"些"indicates an uncertain amount. It is often used after"一","哪","这","那",etc.

一些人　一些书

哪些书　这些东西

注意:量词"些"只和数词"一"连用,不能和别的数词结合。

Note:The quantifier"些"can only be used with"一".It does not collocate with other numerals.

这个箱子　这些箱子

四、语法 Yǔfǎ Grammar

(一)形容词谓语句 The sentence with an adjectival predicate

形容词谓语句用来对事物进行描述和评价。

When an adjective functions as the predicate of a sentence, we call it a sentence with an adjectival predicate. This type of sentences are used to describe or evaluate someone, something, or a state of affairs.

肯定式(affirmative form):(1)这个箱子很重。

(2)汉字很难。

否定式(negative form):"不"+形容词。

(3)我不忙。

(4)汉语不太难。

(5)那个箱子不重。

形容词谓语句的主语与谓语之间不加"是"。

In a sentence with an adjectival predicate,"是"can not be inserted between the subject and the predicate.

不说:＊我是很忙。

112

* 我们老师是很好。

　　形容词前面一般要带副词,如不带副词,句子的意思将不再具有描述功能而带有比较的意味。例如:

Adjectives in such sentences usually take an adverb before them. If they don't have an adverb, the meanings of the sentences will not be descriptive, rather, they may imply a sense of comparison, e.g.

(1)这个汉字很难。

(2)这个汉字难,(那个汉字不难。)

(3)这个箱子重,(那个箱子轻。)

(二)怎么问(3):正反问句　Interrogation (3):The affirmative-negative question

把谓语主要成分的肯定式与否定式并列起来即构成正反问句。例如:

An affirmative-negative question is one in which the affirmative and negative forms of the main element of the predicate are paralelled, e.g.

(1) A:他是不是老
师? /他是老
师不是?

B:是。/不是。

(2) A:你去不去? /你
去不去银行? /
你去银行不去?

B:去。/不去。

(3)A:你忙不忙?

    B:很忙。/不忙。

(三)"的"字词组　"的"-phrases

"的"字词组是由"的"字附在名词、代词、形容词、动词等实词或词组后边组成的,其作用相当于名词,可以充当名词能充当的句子成分。例如:

A"的"-phrase is formed by attaching the particle"的"to a noun, pronoun, adjective, verb or phrase. Its grammatical functions are equal to that of nouns, e.g.

(1)A:这些箱子是谁的?

    B:旧的是我的。

      新的是我朋友的。

(2)A:这是谁的书?

    B:这是我爸爸的。

五、语音　Yǔyīn　Phonetics

(一)词重音(3)　Word stress (3)

多音节词的词重音多数在最后一个音节上。例如:

The stress in a multisyllabic word mostly falls on the last syllable, e.g.

汉语学院　汉语词典　中国地图
    △　　　　　　△　　　　　　△

(二)语调(3) Intonation (3)

正反问句,句调较高,肯定式重读,否定式轻读,句尾读降调。例如:

The pitch in an affirmative-negative question is relatively high. The affirmative part is stressed; the negative part unstressed. The falling tone is used at the end of the sentence.

这是不是中药? ↓
　△

你去不去邮局? ↓
　△

你吃不吃饺子? ↓
　△

六、练习　　Liànxí　　Exercises

(一)语音 Phonetics

1. 辨音辨调　Pronunciation and tones

zhōngyào	zhòngyào	xiāngzi	xiàngzhǐ
cídiǎn	zìdiǎn	nǎr	nàr
yīfu	yúfū	cídài	zhǐdài

2. 多音节连读　Multisyllabic liaison

rìyòngpǐn	bìxūpǐn	gōngyìpǐn
yìnshuāpǐn	zhǎnlǎnpǐn	huàzhuāngpǐn

3. 朗读　Read out the following phrases

一件衣服　一盒磁带　一把雨伞　一把椅子
一瓶香水　一瓶啤酒　一本书　　一本词典
谁的包　谁的报　谁的书　谁的药　谁的笔　谁的信
我的　　他的　　新的　　旧的　　老师的　留学生的
是不是　吃不吃　喝不喝　去不去
听不听　说不说　读不读　写不写
买不买　要不要　在不在　换不换
好不好　难不难　忙不忙　新不新
学习不学习　　欢迎不欢迎

(二)替换　Substitution

1. A：这是什么？
   B：这是药。
   A：这是什么药？
   B：中药。（这是中药。）

茶	红茶
词典	汉英词典
磁带	英语磁带
杂志	中文杂志
地图	中国地图

2. A：这个箱子是谁的？
   B：我的。
   A：这个箱子重不重？
   B：很重。

本	书	难
把	椅子	重
件	衣服	新
瓶	香水	香
本	词典	好

3. A：这些是不是药？
   B：不是。（这些不是药。）

茶	酒	词典
磁带	地图	报纸

4. A：你去不去邮局？
   B：去。

去	银行
吃	包子
喝	啤酒
买	汉语词典
看	杂志

5. A：你买不买苹果？
   B：不买，我买橘子。

汉语书	汉语词典
报	地图
圆珠笔	铅笔
杂志	画报
酒	茶

116

(三) 选择量词填空 Choose the right quantifiers to fill in the blanks

瓶 把 本 件 盒 个 位

1. 一＿＿＿雨伞　　2. 两＿＿＿苹果　　3. 三＿＿＿同学

4. 四＿＿＿毛衣　　5. 五＿＿＿书　　　6. 六＿＿＿磁带

7. 七＿＿＿啤酒　　8. 八＿＿＿老师　　9. 十＿＿＿杂志

(四)把括号里的词填入适当位置 Put the words in the brackets in the proper places

1. A 这些 B 是书,那些 C 都 D 是书。　　　　（也）

2. A 我们 B 是 C 留学生。　　　　（都）

3. 我 A 住十楼,B 她 C 住 D 十楼。　　　　（也）

4. 她爸爸 A 是美国人,B 她妈妈 C 是 D 美国人吗?　　（也）

5. 她 A 学习汉语,我也 B 学习汉语,C 我们 D 学习汉语。（都）

6. 我 A 买书,B 买 C 两盒 D 磁带。（还）

(五)回答问题　　Answer the questions

例:A: 你去不去邮局?

　　B: 我不去邮局。

1. 你买不买汉语词典?

2. 你吃不吃包子?

3. 你喝不喝酒?

4. 你的书新不新?

5. 你住不住学校的宿舍?

6. 你的箱子重不重?

(六)完成会话　　Complete the dialogues

例:A: 你写不写汉字?

　　B: 我不写汉字。

1. A: ＿＿＿＿＿＿＿＿?

　　B: 这是我的包。

117

2. A：_____？
   B：我不去。
3. A：_____？
   B：我看电影。
4. A：_____？
   B：我很忙。
5. A：_____？
   B：她不是美国人。
6. A：_____？
   B：我不买磁带。

(七)根据划线部分用疑问代词提问　Use interrogative pronouns to ask questions about the underlined parts

例：王老师是我们的老师。→谁是你们的老师？

1. 玛丽是我的朋友。
2. 张东是白老师的学生。
3. 她是王老师的爱人。
4. 他是我们的校长。
5. 那是中药。
6. 这是英汉词典。
7. 这是汉语书。
8. 这些都是英文书。
9. 我喝茶。
10. 她住二十二楼。

(八)交际会话　Communication

1. 招领　Lost and found

   A：这个书包是谁的？
   B：是我的。

118

A：给你。

B：谢谢！

2. 指认事物名称 "What are they?"
（看图说话）

A：这是什么？

B：这是电脑。

A：那些是什么？

B：那些是软盘。

电脑	主机	显示器	键盘	开关
diànnǎo	zhǔjī	xiǎnshìqì	jiànpán	kāiguān
computer	processor	screen	keyboard	switch
鼠标	软盘	插头	插座	打印机
shǔbiāo	ruǎnpán	chātóu	chāzuò	dǎyìnjī
mouse	floppy disk	plug	socket	printer

(九)写汉字 Learn to write

衣	丶	亠	广	衣	衣	衣					
西	一	襾	襾	西	西						
旧	丨	刂	旧	旧	旧						
用	丿	刀	月	月	用						
品	丶	口	口口	品							
件	亻	个	乍	件	件						
把	一	十	扌	扣	扣	把					
香	一	二	禾	禾	香						
黄	一	十	共	共	苗	黄	黄	黄	黄	黄	
黑	丶	口	四	甲	甲	里	里	黑	黑	黑	黑

词 汇 表

生词	词性	拼音	课号
		A	
阿拉伯文	（文）	Ālābówén	5
		B	
八	（数）	bā	1
吧	（助）	ba	6
把	（量）	bǎ	15
爸爸	（名）	bàba	2
白	（形）	bái	1
百	（数）	bǎi	10
班	（名）	bān	14
办公		bàngōng	11
办公室	（名）	bàngōngshì	11
包子	（名）	bāozi	8
本	（量）	běn	15
本子	（名）	běnzi	12
比较	（副）	bǐjiào	14
别的	（代）	biéde	9
不	（副）	bù	1
不客气		bú kèqi	10
		C	
茶	（名）	chá	6
吃	（动）	chī	8
词典	（名）	cídiǎn	15
磁带	（名）	cídài	15
		D	
大	（形）	dà	1

大学	（名）	dàxué	14
的	（助）	de	3
德文	（名）	Déwén	5
等	（动）	děng	10
弟弟	（名）	dìdi	2
点儿	（量）	diǎnr	6
电	（名）	diàn	11
电话	（名）	diànhuà	11
东西	（名）	dōngxi	12
都	（副）	dōu	12
读	（动）	dú	14
对	（形）	duì	10
对不起		duì bu qǐ	13
多	（形）	duō	9
多少	（代）	duōshao	9

E

俄文	（名）	Éwén	5
二	（数）	èr	4

F

发音	（名）	fāyīn	7
法郎	（名）	fǎláng	10
法文	（名）	Fǎwén	5
翻译	（动）	fānyì	2
饭	（名）	fàn	8
分	（量）	fēn	9

G

港币(元)	（名）	gǎngbì(yuán)	10
哥哥	（名）	gēge	2
个	（量）	gè	8
给	（动）	gěi	9
给	（介）	gěi	13
公园	（名）	gōngyuán	4

122

贵	(形)	guì	9
贵姓		guì xìng	7
国	(名)	guó	7

H

还	(副)	hái	9
汉语	(名)	Hànyǔ	2
汉字	(名)	Hànzì	7
好	(形)	hǎo	2
好久	(名)	hǎojiǔ	12
号	(名)	hào	11
号码	(名)	hàomǎ	11
喝	(动)	hē	6
和	(连)	hé	13
盒	(量)	hé	15
黑	(形)	hēi	15
很	(副)	hěn	2
话	(名)	huà	11
欢迎	(动)	huānyíng	6
换	(动)	huàn	10
回	(动)	huí	4

J

鸡蛋	(名)	jīdàn	8
几	(代)	jǐ	4
家	(名、量)	jiā	11
见	(动)	jiàn	3
件	(量)	jiàn	15
角(毛)	(量)	jiǎo(máo)	9
饺子	(名)	jiǎozi	8
叫	(动)	jiào	7
教授	(名)	jiàoshòu	13
介绍	(动)	jièshào	13
斤	(量)	jīn	9
今天	(名)	jīntiān	4

进	（动）	jìn	3
九	（数）	jiǔ	3
酒	（名）	jiǔ	15
旧	（形）	jiù	15
橘子	（名）	júzi	9
觉得	（动）	juéde	14

K

咖啡	（名）	kāfēi	6
客气	（动、形）	kèqi	10
口	（名、量）	kǒu	1
块	（量）	kuài	9

L

来	（动）	lái	12
老师	（名）	lǎoshī	5
了	（助）	le	10
里	（名）	lǐ	15
俩	（数）	liǎ	13
两	（数）	liǎng	9
零	（数）	líng	11
留学生	（名）	liúxuéshēng	13
六	（数）	liù	3
楼	（名）	lóu	11

M

妈妈	（名）	māma	2
马	（名）	mǎ	1
马克	（名）	mǎkè	10
吗	（助）	ma	2
买	（动）	mǎi	9
馒头	（名）	mántou	8
忙	（形）	máng	2
没关系		méi guānxi	13
美元	（名）	měiyuán	10

妹妹	（名）	mèimei	2
门	（名）	mén	11
米	（名）	mǐ	8
米饭	（名）	mǐfàn	8
秘书	（名）	mìshū	13
面条儿	（名）	miàntiáor	8
名字	（名）	míngzi	7
明天	（名）	míngtiān	3

N

哪	（代）	nǎ	7
哪儿	（代）	nǎr	4
那	（代）	nà	5
那儿	（代）	nàr	4
那些	（代）	nàxiē	8
男	（形）	nán	2
难	（形）	nán	2
呢	（助）	ne	11
你	（代）	nǐ	1
你们	（代）	nǐmen	6
您	（代）	nín	5
女	（名）	nǚ	1

O

欧元	（名）	ōuyuán	10

P

朋友	（名）	péngyou	6
啤酒	（名）	píjiǔ	8
瓶	（量）	píng	15
苹果	（名）	píngguǒ	9

Q

七	（数）	qī	3
千	（数）	qiān	10

铅笔	（名）	qiānbǐ	12
钱	（名）	qián	9
轻	（形）	qīng	15
请	（动）	qǐng	3
请问		qǐng wèn	11
去	（动）	qù	3

R

人	（名）	rén	5
人民	（名）	rénmín	10
人民币	（名）	rénmínbì	10
日	（名）	rì	5
日文	（名）	Rìwén	5
日元	（名）	rìyuán	10
日用品	（名）	rìyòngpǐn	15
容易	（形）	róngyì	14

S

三	（数）	sān	4
伞	（名）	sǎn	15
上午	（名）	shàngwǔ	10
少	（形）	shǎo	9
身体	（名）	shēntǐ	12
什么	（代）	shénme	5
十	（数）	shí	5
食堂	（名）	shítáng	8
是	（动）	shì	5
售货员	（名）	shòuhuòyuán	12
书	（名）	shū	5
数	（动）	shǔ	10
谁	（代）	shuí	5
说	（动）	shuō	14
四	（数）	sì	4

T

他	（代）	tā	2

126

她	（代）	tā	2
他们	（代）	tāmen	13
她们	（代）	tāmen	13
汤	（名）	tāng	8
太	（副）	tài	2
天	（名）	tiān	4
听	（动）	tīng	14
同学	（名）	tóngxué	14
同屋	（名）	tóngwū	14
图书馆	（名）	túshūguǎn	10

W

碗	（名）	wǎn	8
万	（数）	wàn	10
位	（量）	wèi	13
……文	（名）	……wén	5
文化	（名）	wénhuà	14
问	（动）	wèn	11
问候	（动）	wènhou	12
我	（代）	wǒ	4
我们	（代）	wǒmen	13
五	（数）	wǔ	1

X

西班牙文	（名）	Xībānyáwén	5
西药	（名）	xīyào	15
下午	（名）	xiàwǔ	10
先	（副）	xiān	13
先生	（名）	xiānsheng	10
香水	（名）	xiāngshuǐr	15
箱子	（名）	xiāngzi	15
小姐	（名）	xiǎojiě	10
校长	（名）	xiàozhǎng	13
些	（量）	xiē	8
写	（动）	xiě	14

谢谢	（动）	xièxie	3
新	（形）	xīn	14
信	（名）	xìn	3
信封	（名）	xìnfēng	12
星期	（名）	xīngqī	4
星期一	（名）	xīngqīyī	4
星期二	（名）	xīngqī'èr	4
星期三	（名）	xīngqīsān	4
星期四	（名）	xīngqīsì	4
星期五	（名）	xīngqīwǔ	4
星期六	（名）	xīngqīliù	4
星期天	（名）	xīngqītiān	4
姓	（动、名）	xìng	7
学	（动）	xué	7
学生	（名）	xuésheng	13
学习	（名）	xuéxí	7
学校	（名）	xuéxiào	4

Y

药	（名）	yào	15
要	（动）	yào	8
要	（能愿）	yào	10
也	（副）	yě	13
一	（数）	yī	1
一共	（副）	yígòng	9
一会儿	（名、副）	yíhuìr	10
一下儿		yíxiàr	13
衣服	（名）	yīfu	15
银行	（名）	yínháng	3
英镑	（名）	yīngbàng	10
英文	（名）	Yīngwén	5
营业员	（名）	yíngyèyuán	10
邮局	（名）	yóujú	3
有	（动）	yǒu	15
语法	（名）	yǔfǎ	14

语言	（名）	yǔyán	14

Z

杂志	（名）	zázhì	5
在	（动）	zài	11
在	（介）	zài	14
再	（副）	zài	12
再见	（动）	zàijiàn	4
找	（动）	zhǎo	11
这	（代）	zhè	5
这儿	（代）	zhèr	4
这些	（代）	zhèxiē	8
枝	（量）	zhī	12
知道	（动）	zhīdào	11
职员	（名）	zhíyuán	11
中午	（名）	zhōngwǔ	8
中文	（名）	Zhōngwén	5
中药	（名）	zhōngyào	15
重	（形）	zhòng	15
住	（动）	zhù	11
昨天	（名）	zuótiān	4
坐	（动）	zuò	6

补 充 生 词

包	（名）	bāo	15
报纸	（名）	bàozhǐ	15
草莓	（名）	cǎoméi	9
大夫	（名）	dàifu	13
地图	（名）	dìtú	15
法律	（名）	fǎlǜ	14
服务员	（名）	fúwùyuán	13
工程师	（名）	gōngchéngshī	13
公斤	（量）	gōngjīn	9
红	（形）	hóng	15
护士	（名）	hùshi	13

黄	（形）	huáng	15
记者	（名）	jìzhě	13
经济	（名）	jīngjì	14
经理	（名）	jīnglǐ	13
警察	（名）	jǐngchá	13
旧	（形）	jiù	14
老	（形）	lǎo	14
梨	（名）	lí	9
历史	（名）	lìshǐ	14
律师	（名）	lǜshī	13
毛衣	（名）	máoyī	15
葡萄	（名）	pútao	9
认识	（动）	rènshi	14
司机	（名）	sījī	13
桃	（名）	táo	9
外语	（名）	wàiyǔ	14
文学	（名）	wénxué	14
西瓜	（名）	xīguā	9
香蕉	（名）	xiāngjiāo	9
演员	（名）	yǎnyuán	13
圆珠笔	（名）	yuánzhūbǐ	15

专　名

爱德华		Àidéhuá	13
白		Bái	12
北京语言文化大学		Běijīng Yǔyán Wénhuà Dàxué	14
德国		Déguó	7
法国		Fǎguó	7
韩国		Hánguó	7
加拿大		Jiānádà	13
林		Lín	14
罗兰		Luólán	13
马		Mǎ	13
玛丽		Mǎlì	6
麦克		Màikè	6

130